# 병원도 감성이다

병원이 행복해야 환자가 행복하다

# 병원도 감성이다

장정빈, 김윤경

# 추천의 글

　전문서비스의 대표적인 사례인 의료 서비스는 신념(credence)적 속성이 크다. 즉, 환자들은 의료 서비스의 결과물을 평가할 수 있는 충분한 경험/지식이 부족하기에, 대부분 서비스가 전달되는 과정을 중심으로 평가하는 경향이 크다는 것이다. 이 때문에 이런 서비스 전달 과정을 포괄적으로 설명하는 '서비스경험'이라는 개념이 무척 중요할 수밖에 없다. 그동안 학문적으로나 실무적으로 서비스 부분에서 발군의 역량을 발휘하는 저자들이 새로이 소개하는 이 책은 그런 큰 흐름을 잘 보여주고 있다. 더구나 개인적으로도 크게 강조하는데 보통 소개가 잘 안 되는 'service profit chain'에 대한 이야기가 IV부 '직원이 행복해야 환자가 행복하다'에서 내용으로 다뤄지고 있다. 서비스경험은 서비스를 이용하는 고객의 전체 경험에 대한 이야기이지만, 이를 가능케 하는 것은 서비스를 전달하는 현장 종업원 그리고 이들을 지원하는 후면부의 종업원 및 시스템이 조화를 이뤄야만 가능한 것이다. 이런 이야기들이 아주 쉬운 용어와 사례를 가지고 잘 설명하고 있는 책을 읽게 되는 것도 유쾌한 경험이다.

– 숭실대학교 경영학부 교수 강기두

　환자들이 처음 방문한 병원을 재차 찾게 되는 이유는 의사에 대한 믿음과 환자의 만족감 때문이다. 환자의 만족감은 병원에서 풍기는 안락함, 직원들의 친절함, 진료에 대한 믿음, 그리고 의료시술에 대한 신뢰 등 의료행위에 의해 결정된다. 의료 서비스 환경에서 가장 중요한 것은 바로 공감과 소통이며 이는 어떠한 최첨단 의료 기계로도 대신해 줄 수 없는 인간만의 영역이다. 『병원도 감성이다』는 김윤경 저자가 미용 피부 분야에서 20여 년간 공부하고 경험하고 종사하면서 축적된 개인의 오랜 결과물이며 소통과 공감을 강조한 책이다. 이 책은 피부 분야에서 일하고 계시는 의사 선생님들과 직원들에게 필독서로 추천할 만한 가치가 있을 것으로 의심치 않는다.

- 전수일피부과 대표원장, 前)연세대학교 의과대학 피부과학교실 교수 **전수일**

병원 마케팅에 대한 책은 많지만 이만큼 현장감 있고 체험을 바탕으로 한 공감을 불러일으키는 내용을 갖고 있는 책은 처음이다. 마음만 있고 행동으로까지 이어지기 힘든 감성마케팅을 실제로 한 걸음 내디디게 해주어서 감사하다. 시작이 처음이고 앞으로도 유지할 수 있게 2탄 3탄을 기대한다.

- 연세41피부과 대표원장 **정원순**

대한민국의 의료수준은 월드클래스인데, 왜 정작 한국 사람들은 의료 서비스에 대한 만족도가 낮은 것일까? 다양한 분야에서 소비자 만족도를 주요 지표로 삼고 있지만, 유독 의료분야에서는 그 속도가 더뎠다. 그간 치료란 의료기술의 소산일 것이라는 인식 때문이었을까?

『병원도 감성이다』는 병의 치유란 기계적인 의술의 적용이 아니라 가장 취약한 존재가 된 환자와 공감하고 소통하며 '치유'라는 동일한 목표를 보고 가는 것이라고 상기시켜 주고 있다. 마케팅 전문가와 병원 CS 전문가가 공동 집필한 이 책은 병원 현장에서 관리자가 이러한 원칙을 실천할 수 있는 구체적인 방법을 제시해 주고 있다. 우리 시대의 병원 관리자라면 꼭 읽어야 책이다.

- 고려사이버대학교 보건의료학부 교수 **조경진**

# 프롤로그

산업기술의 발전과 디지털 전환으로 인한 '고객경험'은 점점 변화하며 진화하고 있으며 지금도 발전하고 있고 앞으로도 발전할 모든 기업의 주요 핵심 사안이다. 또한 IT와 인터넷, SNS의 영향으로 기업들도 협력적 네트워크와 소통의 중요성을 절감하고 있다. 디지털 기술을 접목한 자동화 시스템으로 생산성은 높아졌고 웬만한 일은 컴퓨터와 로봇이 처리하는 세상이다. 여러 기술도 평준화된 상태다.

의료 서비스 역시 그렇다. 기술의 발전으로 진료실과 수술실 안까지 들어온 최첨단의 기계들과 로봇, 그리고 디지털 기기들이 환자 진료와 진단에 정확성을 높이고 있다.

그러나 기술의 발달에도 불구하고 의료 서비스는 로봇이 대신해 줄 수 없는 한계적인 영역이 존재하는데 그것은 바로 인간만의 영역인 공감과 위로다. 최첨단 디지털 시스템 도입으로 진단과 수술은 편리해지고 있으나 다양한 진료 과정에서 위로하고 공감하는 행위는 사람이 아니면 할 수 없다. 이는 환자의 치료와 건강회복에 꼭 필요한 요소로서 환자경험평가의 의료진의 평가 항목에서도 찾아볼 수 있다. 병원에 와서 집에 돌아갈 때까지 의료 행위를 비롯한 전 과정에서 얼마나 만족하였는지 환자가 인지하는 경험을 '환자경험'이라고 부른다. 전체적인 진료 과정에서 서비스의 질Quality, 아주 찰나의 순간이 '환자경험'의 만족 여부를 결정한다. 환자들은 의료 서비스를 받으며 의사의 기술적 품질결과 품질을 정확하게 평가하기 어렵기 때문에 일반적으로 기능적 품질과정 품질이 환자들의 품질 인식의 제1차적인 요인이 되며, 이 일련의 프로세스가 환자 경험이 되는 것이다.

환자경험 만족 요소의 핵심은 공감과 위로를 통해 사람의 마음을 움직이는 방향키와도 같은 감성感性에 있다.

공감과 위로는 마음의 감성을 자극하는 행위로 환자의 마음을 움직여 고객만족을 넘어 고객감동으로 나아가고 충성도와 재구매율을 높이며 병원 이미지 제고로 이어진다. 취향이나 성향을 고려한 서비스를 제공하여 환자에게 필요한 맞춤형 서비스를 제공하기도 하고 환자의 마음을 움직이는 이야기나 소품 등을 활용하여 감동을 줌으로써 환자의 감정에 다가가 환자와 더욱 가까워지는 효과를 얻을 수도 있다.

그래서 디지털이 범람하는 시스템 속에서도 감성을 자극할 수 있는 사람의 손길과 공감의 휴먼터치는 환자경험의 중요한 핵심이다.

이 책은 환자경험에 큰 만족 요소이자 감동 요소가 되는 사람에 관한 내용을 다루었다. 환자경험의 중요한 요소는 무엇이며 인적자원을 병원장은 어떻게 존중하고 어떤 조직을 만들어 가야 하는지, 조직원들이 일의 가치와 자긍심을 가지고 나아갈 때 그 영향력이 어떻게 감동적인 환자경험을 선사하는지를 말이다.

이 책은 크게 4부로 구성되어 있다.

I부, '병원의 생존은 환자 중심에 있다'에서는 변화하는 의료 환경 속에서 환자경험의 가장 중요한 핵심인 환자 중심의 의료 서비스가 무엇인지에 대해 분석했다. 절대 만족의 방향성을 위한 환자 중심의 서비스 설계의 방법인 MOT가 그것이며 이를 통해 서비스의 기술적인 품질과 기능적인 품질 속에서 결정적 터치 포인트가 될 중요사항을 다루었다.

II부, '환자의 경험을 디자인하라'에서는 환자의 입장에서 고민하고 느끼고 행동한 다양한 병원의 사례와 환자경험을 디자인할 때 고객감동 경험의 접점 전략에 대해 다루었다.

주위를 둘러보면 아주 작고 사소한 것들도 환자경험에 큰 긍정적인 영향력을 끼칠 수 있다. 환자경험을 위해 화려한 인테리어와 큰 비용이 필요한 것만은 아니다. 먼저 경험한 환자들의 다양한 사례가 결국은 고객경험의 큰 기준점이 된다.

Ⅲ부, '병원은 커뮤니케이션 비즈니스다'에서는 환자와 소통할 때 첫 번째도 두 번째도 중요한 것은 공감임을 강조한다. 상대의 마음을 읽지 못하면 혼자 말하는 로봇과 다를 바가 없다. 의료인이 가져야 할 공감의 자세와 자신의 가치를 결정짓는 언어적, 비언어적 커뮤니케이션을 다루었다. 소통을 위해 제시하는 프레이밍 효과와 품격있는 표현, 보여지는 이미지 또한 소통의 중요 핵심이며 나와 병원의 브랜드 가치를 결정할 수 있음을 기억해야 한다.

Ⅳ부, '직원이 행복해야 환자가 행복하다'에서는 왜 우리병원의 직원들은 오래 근무하지 못하는지, 근무하더라도 자기 할 일만 하고 그 외에는 더 이상의 가치를 느끼지 못하는지에 대해 다루었는데, '대퇴직The Great Resignation'현상과 '조용한 사직Quiet Quitting'이 바로 그것이다. 현재 직원을 구하기 힘들어하는 병원들이 많다. 주인의식을 가지고 근무할 수 있는 내부고객 만족의 중요성과 우리 병원에는 어떠한 인재상이 필요하며 더 나아가 리더들이 가져야 할 자세가 환자경험에 어떠한 영향력을 미치는지에 대한 내용이다.


2017년부터 건강보험심사평가원과 보건복지부에서 시행하는 입원환자 대상 '환자경험평가'제도가 도입되었다. 어느 병원이든 환자 만족도에 대한 지표는 반드시 필요하다. 하지만 병원의 점수를 매기기 위한 평가 지표로 활용되기보다 병원을 찾은 환자들이 존중받고 환자의 행복을 제고하기 위해 활용되길 바란다.

행복한 직원이 행복한 병원을 만들고 행복한 환자경험을 선사한다.

2023년 8월

장정빈, 김윤경

# 목차

# I. 병원의 생존은 환자 중심에 있다

## 환자경험 중심의 경영      18

## 결정적 순간의 설계      43

# II. 환자의 경험을 디자인하라

## 환자경험 서비스 디자인      66

## 고객감동경험 접점 전략      83

## 결국은 고객경험(CX)으로 통한다    105

# Ⅲ. 병원은 커뮤니케이션 비즈니스다

# Ⅳ. 직원이 행복해야 환자가 행복하다

# I.

## 병원의 생존은 환자 중심에 있다

# 환자경험 중심의 경영

## 고객관계경영CRM에서 고객경험관리CEM로

약 40여 년 전, 필자가 초등학교에 다닐 무렵부터 어머니는 10 여 년이 넘게 화장품 가게를 운영했다. 다섯 평도 되지 않았던 아주 작은 가게와 함께 기억 속에 떠오르는 두 가지는 바로 커피와 고객 장부다.

당시는 지금처럼 일회용 믹스커피가 없어서 커피, 설탕, 크림을 취향에 따라 넣어 마시던 시절이었다. 화장품 판매 전후로 혹은 중간에 어머니가 손님과 함께 커피를 끓여 마시는 모습을 자주 볼 수 있었다. 어머니는 손님들의 커피 취향을 귀신같이 기억하고 있었다. 'OO씨는 커피 한 스푼, 설탕 한 스푼, 크림 두 스푼이었죠?', 'OO씨는 커피 두 스푼, 설탕 두 스푼, 크림 두 스푼이죠?' 하는 식으로 말이다. 손님들은 어머니의 그런 기억력에 감탄하고는 했다. 화장품 사는 사람들에게만 커피를 주는 것도 아니었다. 지나가는 고객들과 눈을 마주치고 인사를 나누면서 '추운데 들어와 커피 한잔 마시고 가세요.'라고 하면 구매를 하지 않더라도 함께 차 한잔 마시고 이런저런 살아가는 이야기를 나누다 돌아가는 손님들도 많았다. 그럴 때면 어머니도 커피를 마시고 수다를 떠는 것 외에 화장품 판매는 하지 않았다.

그때의 화장품 가게는 지금의 백화점이나 로드샵처럼 단일한 브랜드 제품만 진열하고 판매하는 것이 아니라 올리브영처럼 다양한 브랜드의 화장품을 판매했기 때문에 제품의 종류가 굉장히 많았다. 지금은 빅데이터 시대라 바코드를 통해 모든 데이터가 저장되어 고객과 함께 구매 내역을 확인할 수 있지만, 그 시절 어머니는 가나다 순서로 정리한 고객 장부에 고객의 구매 목록과 고객의 특징, 취향 등을 적어 놓았다. 구매 금액에 따라 다양한 사은품을 증정했는데, 무엇보다도 중요한 장부의 역할은 바로 화장품을 사가는 고객의 화장품 구매 주기를 파악할 수 있다는 것이었다.

경영학을 공부하고 난 후에야 필자는 어머니가 40여 년 전에 이미 지금의 서비스 경영에서 강조하는 '고객관계관리Customer Relationship Management : CRM'의 원리를 옛날 방식으로나마 몸소 실천했다는 것을 깨닫게 되었다.

그렇다면 현재 디지털 시대의 마케팅과 고객관리 패러다임은 어떻게 변화하고 있는지를 살펴보자. 가장 큰 변화는 '거래'에서 '관계'로의 변화라고 할 수 있다. 마케팅의 본래 모습은 고객과 기업 간의 자발적인 거래다. 고객은 기업에게 돈을 지불하면서 효용을 극대화하고, 기업은 고객에게 상품이나 서비스를 제공하고 이익을 거두었다. 그러나 지금은 고객을 단지 제품을 구매하는 대상이 아니라 기업과 오랜 관계를 맺는 대상으로 간주하고 있다. 즉 단기적인 이익만을 위해 제품을 판매하는 것이 아니라 장기적인 관점에서 고객과 커뮤니케이션을 하며 의견을 수렴한다. 경쟁력의 원천이 상품 그 자체나 입지 여건이 아니라 고객과의 관계와 전체적인 경험으로 바뀐 것이다.

'고객관계관리'란 기업이 일방적으로 정한 기준에 따른 고객 정보를 데이터화해서 기업의 입맛에 맞게 고객과의 관계를 정립한 것이라고 할 수 있다. 그리고 궁극적으로는 이런 데이터를 기반으로 만족 요인을 분석해서 고객을 만족시키면 기업의 수익이 극대화할 것이라고 생각하는 것이다. 말로는 고객 중심적일 것이라 해놓고 정작 관리의 기준과 요소들은 기업 중심적으로 정하고 추진한다면 잘될 리가 없다.

기업은 자사가 공급한 제품이나 서비스에 대한 수많은 접점에서 고객들이 느낄 수 있는 각종 경험을 기초로 해서 고객을 만족시킬 수 있는 데이터들을 고객만족 관리 항목으로 책정해야 한다.

만약 이런 과정을 생략한 채, 구매 빈도나 구매액 그리고 자사가 제공하는 일방적 서비스에 대한 불만 유무를 체크한다면, 진정한 고객만족이 일어날 수가 없을 것이다. '고객경험관리 Customer Experience Management : CEM'는 기업의 일방적 서비스에 대한 대안 수단이다. 이것은 '고객 관계Customer Relationship'를 정의함에 있어 광범위한 요소들을 관리하지 말고 그것보다는 작지만 좀 더 명확한 '고객의 경험Customer Experience : CX' 관리라는 기준을 도입해서 고객을 만족시켜보자는 것이다.

즉, 고객과의 관계를 오래 유지하여 상호 이득을 취하기 위해서 이제는 고객만족을 넘어 '고객경험관리'가 매우 중요한 사안으로 떠오른 것이다.

'만족'과 '경험' 중 어느 것이 고객에게 더 가치를 더해줄까? 대답은 '경험'이다. 왜냐하면 '만족'할 때까지의 상세한 과정이 바로 '경험'이기 때문이다. 고객의 경험을 관리하는 과정을 통하면 만족은 그 결과물로 얻을 수 있다. 경험은 만족보다 기업의 브랜드를 훨씬 더 차별화할 강력한 요소가 될 것이다. 그 차별화는 고객의 시각에서 보는 것이기에 훨씬 강력하다.

먼저, '고객관계관리'는 기업의 다양한 자원과 역량을 활용하여 고객과의 관계 획득, 유지, 강화 등 전체 고객 생애주기에 걸쳐 고객과 기업 상호 간의 이익 극대화를 추구하기 위한 기업의 모든 경영활동의 기반이 되는 경영 전략 또는 패러다임이다. '고객관계관리'는 신규 고객을 확보하는 활동, 기존 고객을 유지하는 활동, 그리고 상호 신뢰가 형성되어 있는 고객들을 바탕으로 관계를 강화하고 확장해 나가는 활동으로 요약할 수 있다. 마케팅 순환 기능의 관점에서 '고객관계관리'는 분석 및 기획, 전략의 실행, 그리고 학습 및 피드백이라는 폐쇄 순환 고리closed-loop 형태의 구조를 가지고 있다.

즉 '고객관계관리'는 신규 고객의 창출, 기존 고객의 유지, 고객관계의 강화를 목적으로 다양한 분석, 기획, 실행, 학습을 반복하는 과정이라 할 수 있다.

그렇다면 '고객경험관리'란 무엇일까?

누군가는 '고객경험은 고객만족의 다른 표현이지 않나요?'라고 물을 수도 있을 것이다. 그러나 '당신 만족했어?Are you satisfied?'라고 묻는 것과 '경험이 어땠어?How was the experience?'라고 묻는 것에 대한 대답은 서로 다를 수 있다.

만족이라는 개념은 예를 들면, '당신 차에 만족합니까?'라고 물었을 때, '네, 핸들링이 아주 좋습니다.'라고 대답하는 것처럼 결과 지향적Outcome-oriented이다.

경험은 이와 대조적으로 과정 지향적Process-oriented이다. 자동차에 대한 경험은 단순히 사고 싶던 것을 구입하는 것 이상의 의미가 있다. 자동차의 문을 닫을 때 어떤 소리가 나는지, 좌석 시트의 느낌은 어떤지, 차 안에서 어떤 향기가 나는지, 매장의 영업 사원이 어떻게 대하는지 등 모든 것이 고객경험의 일부가 된다.

'고객경험관리'란 제품이나 서비스에 대한 고객의 경험을 체계적으로 관리하는 프로세스를 의미한다. 즉 기업이 고객의 제품 탐색에서 구매, 사용 단계까지 모든 과정에 대한 분석 및 개선을 통해 긍정적인 브랜드 경험을 창출하는 것이다. 그래서 '고객경험관리'는 마케팅 콘셉트가 아니라 완전한 고객중심 경영 전략으로 볼 수 있다. 또한 결과가 아니라 과정에 중점을 두는 새로운 콘셉트의 고객만족 개념이다. 병원의 경우도 의사 중심의 전략이 아니라 환자 중심의 새로운 경영 전략이다.

## 생각의 회로, 서비스 마인드

부천에 위치한 W종합병원은 정형외과로 특화된 병원으로 동네에서 친숙하고 가깝게 만날 수 있는 대형병원의 이미지를 추구하고 있다. 이 병원의 2층에는 주로 정형외과 의사들의 외래 진료실이 배치되어 있다.

발가락이 골절되어 내원하게 된 환자는 1층에만 있는 원무과에서 수납하고 멀리 떨어진 엘리베이터를 타고 2층 정형외과로 올라간다. 진료 후에 엑스레이는 지하 1층으로 다시 내려가고 물리치료는 지하 2층에서 진행된다. 결과를 듣기 위해서는 다시 2층의 외래 진료실로 올라간다. 정형외과 진료실이 2층에 있는 이유에 대해 병원 관계자에게 물으니 바로 수술실 옆에 위치해 의사가 외래진료와 수술을 신속히 처리할 수 있게 만든 동선이라며 자부심 가득한 얼굴로 대답했다.

그러나 환자들의 이야기는 달랐다. 고통을 호소하며 골절된 발로 여기저기를 돌아다녀야 하는 불편함은 물론이거니와 외래와 수술 스케줄을 분리하지 않아 몇 시간이고 대기해야 하는 상황에 고통과 짜증은 배가 된다고 했다. 도대체 누구를 중심으로 누구를 위해서 만든 동선인가를 생각해보면 쓸쓸하지 않을 수 없다.

강서구의 B종합병원은 W종합병원과 마찬가지로 정형외과로 특화된 병원으로 이곳 역시 동네에서 친숙하고 가깝게 만날 수 있는 대형병원의 이미지를 추구하고 있다.

이곳 또한 정형외과 외래 진료실은 2층에 있는데, 1층과 2층에 있는 원무과에는 모두 수납이 가능한 직원들이 배치되어 있고, 엑스레이, 초음파, 정밀검사 등은 2층에서 진행한다. 또한 깁스를 해야 하는 환자들을 고려해 캐스트석고붕대 처치실 또한 진료실 옆에 배치해 환자들의 동선을 최소화했다. 필요한 검사와 처치가 있는 경우 직원의 안내는 모두 같다. '앞에서 수납하시고 앞에서 대기해 주세요'다. 이는 환자의 편의성에 대해 아주 깊이 공감한 동선이라 생각한다.

병원을 처음 개원할 때, 의료진과 직원의 동선에만 포커스를 맞추고 인테리어한 결과, 나중에 환자의 불편함이 여기저기서 발생하는 경우를 종종 보게 된다. 이럴 때 관계자들이 불편함을 해결하기 위한 인적요소나 소프트웨어적인 요소를 잘 활용하느냐 하면 그렇지 않은 경우가 많다. 우리 병원은 이렇기 때문에 어쩔 수 없으니 불편해도 이해해야 한다는 식으로 환자들을 설득한다면, 불편을 감수하면서까지 병원에 다니는 환자는 없을 것이다.

따라서 이런 문제를 해결하기 위해서는 첫째, 병원에서는 'MOT 서비스 사이클'을 시각적으로 그려볼 필요가 있다. 'MOT 서비스 사이클'이란 고객이 처음으로 접촉해서 서비스가 마무리

될 때까지의 서비스 행동의 전 과정을 고객의 입장에서 그려보는 방법을 말한다.

병원 건물 내에 수납, 예약, 채혈, 진료, 검진, 간호 등 여러 부서의 다양한 업무영역이 있으며, 각층별로 고객접점 요소가 다르게 나타나는데, 각각의 상담내용과 서비스 단위를 세분화하여 고객접점 사이클을 세부적으로 분석하여 작성한다. 고객서비스에서 가장 중요한 일은 고객접점에서의 결정적 순간을 분류하고 'MOT 서비스 사이클'을 파악하여 가장 효과적으로 접점별 응대 방법을 찾는 것이다.

특히 서비스는 무형적이지만 시각적 효과는 사람이 느끼는 감성의 약 80%를 차지한다. 따라서 서비스의 '시각화visualization'는 디자인적 사고의 가장 핵심적인 도구라고 할 수 있다. 고객이 병원을 인식하는 첫 접점에서부터 병원 문을 나선 이후까지의 각 접점을 하나의 시스템처럼 만들어야 한다. 둘째, 다시 강조하지만 고객관점으로, 고객다운 회로로 설계되어야 한다. 국내 한 병원 의료진은 환자가 온종일 병상에 누워 천장만 본다는 것에 착안해 자연 채광과 천장 디자인을 설계하고, 저염식이기 때문에 환자식은 맛이 없다는 고정관념을 깨고 '환자는 원래 입맛이 없어 정상의 음식보다 더 맛있게 제공해야 한다'는 취지로 '환자 주문 식단제'를 운영한다고 한다. 이것이 고객다운 회로다. 고객다운 회로로 탈바꿈한 병원을 본 적이 있다.

바로 홍대 앞에 있는 의료 업계에 화제를 일으킨 '제닥제너럴 닥터'이라는 의원이다. 이곳은 새로운 의료 서비스를 위해 의사와 환자 간의 관습적 의사소통에서 벗어나 새로운 의사소통 방식을 제공하기 위해 환경적 맥락을 바꾸는 시도를 했다. 환자가 자신을 고객으로 생각할 수 있도록 병원을 카페로 꾸몄다. 단순히 인테리어만 바꾼 것이 아니라 실제 카페처럼 환자와 일반인들에게 커피와 차를 파는 공간으로 바꿨다. 의사와 고객이 만나는 접점인 진료실에서도 환자는 소파에 앉아 편하게 얘기하고 의사는 등받이도 없는 불편한 의자에 앉아 환자의 말을 경청하도록 의료 환경을 완전히 바꿈으로써 의사와 환자와의 관계를 의사와 고객과의 관계로 바꾼 곳이다.

　　『성공의 법칙』을 쓴 맥스웰 몰츠 박사는 인간은 자신만의 생각의 회로를 가지고 있는데, 이 생각의 회로대로 같은 행동을 반복하기 때문에 습관을 만든다고 말한다. 그렇다면 습관을 바꾸는 것은 고객답게 생각의 회로부터 바꿔 보는 것이다. 우리는 이것을 흔히 '서비스 마인드'라고 한다. 고객을 어떻게 바라보고 있느냐, 즉 '서비스 마인드'는 자신의 사고방식을 바꾸어 '고객처럼 생각하느냐'라는 물음으로 시작한다.

## 디지털 기술과 환자경험

디지털화의 바람을 타고 모든 서비스와 고객경험에 디지털 기술이 활용되고 있다. 가장 많이 도입된 기술 중 하나는 주문과 배달의 디지털화일 것이다. 스타벅스는 전 세계 스타벅스 매장 중 우리나라에서 처음으로 사이렌 오더를 도입했다. 고객으로 붐비는 아침과 점심시간의 긴 대기 줄에 대한 불편 해소 방안을 고민하던 차에 나온 아이디어였다. 그런데 스타벅스를 비롯해 디지털 기술 자체를 개발하는 구글, 페이스북, 아마존, 애플을 보고 있으면 디지털 기술을 확보한다는 게 작은 기업이나 동네 병원 입장에서는 엄두가 나지 않을 수도 있다. 하지만 이미 있는 기술과 남이 개발해 놓은 디지털 기술을 잘 활용하는 것도 디지털 전환에 있어 아주 중요한 역량이다. 더 중요한 것은 아날로그적인 관찰이, 디지털 기술이 가져다주는 고객경험만큼 중요하다는 점이다. 즉 디지털 기술 자체가 중요한 것이 아니라 우리 주변의 널려 있는 기술이나 아날로그적인 관찰을 고객경험과 서비스 혁신에 활용하여 얼마나 고객가치를 창출하느냐가 중요하다.

활용하기에 따라서는 CCTV도 고객경험 향상을 위한 수단이 될 수 있다. 범죄 예방을 위해 주로 감시·통제용으로 쓰이던 CCTV가 고객서비스와 유통업계에서 서비스 마케팅으로 실제 활용되고 있다. 유튜브에서 어느 분의 강의를 듣다가 소머리국밥 맛집 사례를 소개한 부분이 참 인상적이었다. 소머리국밥집 사장은 자신을 소머리국밥 '소믈리에'라고 소개했다.

"손님들은 소머리 국밥을 대충 드시지 않습니다. 엄청 잘 따져 가며 드십니다. 먹을 때 삶은 고기와 팔팔 끓인 국물의 조화가 굉장히 중요합니다. 소머리국밥의 삶은 고기를 국물에 투여하는 시간이 딱 1분이어야 합니다. 1분이 넘어가면 삶은 고기가 흐물흐물해질 수 있으며, 1분보다 짧으면 국물과 따로 놀게 됩니다."

"이 식당 사장은 손님이 몇 분 들어오는지를 먼저 압니다. 그걸 어떻게 아느냐고 사장님께 물어보니, CCTV를 확인한다고 합니다. 이 식당은 주차장 CCTV를 주방에서 확인합니다. 사장님은 긴 줄을 서서 기다리는 고객을 보면서 이분들이 빨리 드실 수 있도록 하기 위해 주방에서 CCTV를 통해 차 안에서 몇 명이 내리는지 확인 후, 소머리국밥을 미리 끓여 놓고 대접하는 겁니다."

설명을 덧붙일 필요도 없이 CCTV는 보안용 도구이다. 보안을 위해 개발된 도구인데, 소머리국밥 사장은 보안용 도구가 아닌 매출 극대화와 국밥의 품질관리를 위한 '디지털' 기술로 사용하는 것이다. 이 국밥 사장에게 CCTV는 감시용이 아닌 고객경험 혁신을 위한 마케팅 툴인 것이다.

아래 병원의 사례도 관찰과 아이디어를 고객서비스에 어떻게 활용할 수 있는지 잘 보여준다.

한 건물 6층에 개원한 이 병원은 엘리베이터의 문이 열리면 깨끗하고 투명한 유리로 된 병원의 입구가 보인다. 엘리베이터 문이 열리면 자연스레 데스크에 있는 직원들과 눈이 마주치는데, 직원들은 항상 웃으며 자리에서 일어나 '○○님 오셨어요?'라며 인사를 건넨다. 엘리베이터의 숫자가 6을 가리킬 때면 환자가 내원했다는 것을 인지하고 그 시간에 예약한 환자의 이름을 기억하며 기다리는 것이다. 게다가 엘리베이터 문만 열려도 직원들은 벌써 자리에서 일어나 웃으며 맞이할 준비를 한다. 어려운 디지털 기술이 아니라 엘리베이터 숫자판을 고객경험을 높이는 도구로 활용하는 것이다.

시술이나 피부관리, 도수, 물리치료처럼 시간이 어느 정도 소요되는 진료를 예약하려면 병원의 점심시간을 피해 오전에는 12시까지, 오후는 2시 이후부터 안내하는 경우가 대부분이다. 그러나 이 병원은 점심시간 없는 진료시간을 운영하며 12시 30분, 1시, 1시 30분에도 예약이 가능해 시간에 구애받지 않고 환자들이 병원에 방문할 수 있게 한다. 점심시간을 활용하여 내원하는 직장인들에게는 더할 나위 없는 곳이다.

점심시간에 방문하면 병원에서는 베이커리처럼 빵 굽는 냄새가 난다. 접수하고 소 대기실에서 대기하면 직원이 케이터링 서비스 파티나 음식 서비스를 위하여 식료, 테이블, 의자, 기물 등을 고객의 가정이나 특정 장소로 출장 서비스하는 것 여부를 확인하고 이내 따뜻한 스콘과 쨈, 그리고 손을 닦을 수 있는 물티슈를 준비해 준다. 대기실에는 쿠키와 다양한 고급 차와 커피가 준비되어 있으며, 냉장고에는 다양한 캔 음료가 있어 차례를 기다리면서 자유롭게 먹고 마실 수 있다.

대기실 한편에는 작은 도서관이 있어 대기하는 동안 책을 읽을 수도 있으며 질환에 관련된 다양한 의학 서적이 있어 궁금한 정보를 얻을 수 있다. 물론 환자라면 누구나 책을 빌릴 수도 있다.

위 사례는 환자 경험관리에 초점을 맞춘 서비스로 이 서비스를 시행하는 곳은 바로 신논현에 위치한 '닥터베이직클리닉의원'이다. 피부미용을 전문으로 진료하는 곳으로 대표 원장은 피부에 관한 기본에 충실하고자 병원명도 '베이직'이라는 단어를 넣어 만들었다고 한다. 그러나 더 기본적인 원장의 철학은 바로 환자 중심의 서비스이다. 더 많은 신규 환자를 창출하려는 투자보다 기존의 환자들을 충성 고객으로 만들 수 있는 방법을 고민한 끝에 만들어 낸 차별화된 전략이 바로 위에서 소개한 것들일 것이다. 다양한 환자경험을 위해 부단히도 고민하고 노력한 결과인 것이다.

최근 의료 서비스의 가장 큰 흐름은 한마디로 '환자경험관리'라고 해도 과장이 아닐 것이다. 가장 성공적인 사례 가운데 하나는 단연 미국의 '메이요 클리닉Mayo Clinic'이다. 메이요클리닉은 디자인적 사고를 바탕으로 한 '파괴적 서비스 혁신 전략'을 통해 의사와 환자로부터 세계에서 가장 존경받는 병원이라는 명성을 얻고 있는 병원이다. 바로 환자 경험을 바탕으로 한 서비스 디자인 도입에 성공한 것인데, 메이요클리닉은 철저한 관찰과 실험을 통해 의사와 환자가 소파에 앉아 서로 마주 보며 대화를 나눌 수 있도록 진료실 환경을 개선했다. 이는 컴퓨터 모니터만 바라보는 의사와 책상을 사이에 두고 있는 환자가 제대로 된 소통을 할 수 없었던 기존 의료 현장의 고충을 반영한 결과이다.

국내에서는 세브란스 병원이 2013년 창의센터를 설립하고 간호국, 물품관리팀 등 현장부서와 공동으로 '환자경험관리'를 시행 중인데, 대표적인 것은 침대에 누워 수술실로 이동하는 동안 다른 사람들의 시선이 민망하다는 환자들의 목소리를 반영해 일정 거리까지 환자가 수술실로 걸어갈 수 있도록 개선한 것이다. 이를 통해 신체적인 불편함은 다소 증가할 수 있지만, 심리적으로는 안정을 도모한 덕택에 97~98%에 달하는 환자 만족도를 이끌어냈다.

이처럼 병원이나 기업들이 고객경험 관리에 주목하고 있는 이유는 제품 및 서비스의 차별화가 점점 어려워지는 가운데 고객경험이 새로운 차별화 수단으로 활용될 수 있기 때문이다. 요즘 고객들은 제품 구매 의사 결정을 할 때 제품의 편익만을 고려하는 것이 아니라 그 기업이 제공하는 총체적인 경험을 선택 기준으로 삼는다. 경험은 기억에 남을 뿐만 아니라 고객들이 오랜 시간 동안 제공자와 교류를 갖게 함으로써 고객 충성도를 증가시킨다.

# 점심시간 10분 전 진료

　3년 동안 꾸준히 다니던 B재활의학과에 진료를 받으러 갔다. 도착하니 12시 45분. 아슬아슬하게 점심시간 전에 도착하였고 병원엔 대기 환자가 한 사람도 보이지 않고 한적했다.

　접수하려고 데스크에 가자마자 "진료를 보러 오셨느냐, 근데 저희가 1시부터 점심시간인데 처방만 받으러 오셨느냐?"는 질문을 받았다. "당연히 진료를 받으러 왔으며 처방도 필요하고 원장님 진료도 받고 싶다."고 대답하였다. 의사가 보더니 몇 군데 엑스레이를 찍어야 하고 그 이후에 주사를 맞아야 할 것 같다고 했다.

　"처방만 받아가는 것 아니었어?"

　"하, 인젝injection, 주사 있어. 준비해야 해."

　라는 간호사들의 볼멘소리가 처치실 문을 넘어 복도에까지 들려왔다.

　엑스레이를 찍고 초음파실로 이동하려는데 안내하는 직원이 다음엔 더 일찍 와야 한다며, 점심시간에 걸리면 치료 못 받는 것들이 생길 수 있다고 이야기했다. 이후 주사를 맞으러 간 주사실에서 담당의가 또 다음엔 조금만 일찍 오라 말한다. 진료비를 계산하기 위해 들른 데스크에서도 "다음엔 조금 더 일찍 오셔야 해요."라고 퉁명스레 한마디 한다. 일찍 내원하라는 말을 3번 듣고 나니 죄를 지은 것처럼 눈치가 보이고 나도 모르게 죄송합니다는 말이 연신 나오는 동시에 짜증도 났다. 진료비를 계산하고 시계를 보니 12시 58분이다.

과거에는 의사, 간호사는 물론 병원 경영자도 고객인 환자의 만족에 대해 무관심했다. 그러나 이제는 의료 서비스 시장의 주도권이 공급자인 의료기관에서 구매자인 환자들에게 넘어갔다. 국내 의료기관이 수적으로 증가해 의료시장의 경쟁이 갈수록 심화되고 있으며, 인터넷으로 병원 정보를 꼼꼼히 확인하는 환자들도 늘고 있다. 동네 중소병원 폐업이 늘고, 심지어 병원 문을 닫고 식당을 개업하는 의사까지 나온다고 한다. 이제는 의사들이 과거의 의사 중심의 사고에서 벗어나 환자들을 의료 서비스의 구매자 즉 고객으로 인식하고 고객만족도를 높이기 위해 노력하지 않으면 성장은커녕 생존조차 어려운 실정이 된 것이다. 그러나 아이러니하게도 전문적인 지식과 경험이 요구되는 분야일수록 고객 중심의 서비스에 대한 저항이 훨씬 강하다. 의료시장이 바로 그렇다. 심지어 의료 서비스 시장의 공급자인 의사들 가운데는 환자 중심적인 사고에 적대감을 드러내는 사람도 있다.

이러한 것에 대한 해답이 바로 의료 서비스 분야의 'CSCustomer Satisfaction' 경영이다.

'1:5의 법칙'이 있다. 병원이 기존 고객을 유지하는 데 들어가는 노력보다 신규 고객을 유지하기 위한 노력이 5배 이상 든다는 법칙이다. 신환은 홍보와 광고, 입소문 등을 통해 큰 기대를 가지고 병원을 방문한다. 그런데 기대했던 것만큼 서비스가 제공되지 않는다면 환자는 실망하게 되고 오히려 부정적인 입소문을 확산하게 된다. 이미 병원에 만족한 기존 고객에게 집중해야 하는 이유이다. 단골이 많은 식당은 망하지 않는다. 안정적이기 때문에 대박은 나지 않더라도 절대 쪽박은 차지 않는다. 그래서 대부분의 CS 책이나 마케팅 교과서에서는 경영자들에게 단골부터 잡으라고 강조한다. 병원 마케팅을 전문으로 하던 어느 컨설팅 업체로부터 몇 년 전에 들은 얘기인데, 신환 한 명을 오게 하는데 15만 원 정도의 비용이 든다고 한다. 아마도 지금은 더 많은 돈이 들지도 모른다. 이처럼 환자를 오게 만드는 데 상당한 돈이 드는 데 비해 환자나 고객이 떠나게 하는 것은 너무 쉽다. 따라서 병원이나 기업은 신환이나 고객을 늘리는 작업도 해야 하지만, 일단 방문한 고객을 단골고객으로 만드는 작업을 우선시해야 한다.

B재활의학과는 오랫동안 손목 건초염으로 고생하다가 의료진들의 정성스러운 진료를 받고 직원들의 친절함과 치료 효과에 만족을 느껴 3년 동안이나 통원했던 병원이다. 필자의 가족과 주변의 여러 지인에게도 이 병원을 소개해주었다. 늘 이 병원의 오랜 환자가 되고 싶다는 믿음으로 방문한 날이었는데 실망을 넘

어서 크게 상심한 날이 되어 버렸다.

　3년 전 처음 방문했을 때보다 병원이 확장되어 건물의 다른 층까지 치료실이 많아진 것을 보고 역시 '친절함과 만족스러운 결과에 병원이 점점 커가는구나.'라고 생각했는데, '시간이 흘러 초심을 잃은 것일까?'라고 생각이 바뀐 것이다.

　만족한 환자는 입소문을 통해 다른 환자를 데리고 온다. 구환은 이미 우리 병원의 진료를 받았기 때문에 가장 훌륭한 마케터라 할 수 있다. 병원의 내원 환자는 보통 신환이 25%, 구환이 75%이다. 신환의 80%는 기존 환자의 소개나 입소문에 의해 내원한다고 한다. 단 20%만이 마케팅이나 다른 이유로 내원하는 것이다. 결국 고객만족을 통해 기존 고객인 구환 관리만 잘해도 신환 20%는 잡을 수 있는 것이다.

　점심시간에 당연히 휴식을 취하고 오후 진료를 준비해야 하는 것을 모르는 바는 아니다. 그러나 B재활의학과 직원들은 혹여 본인들의 점심시간을 1분이라도 빼앗길까 신경을 곤두세우며 노심초사하는 것으로 밖에 보이지 않았다. 이건 CS 경영과 서비스마인드를 가졌다고 볼 수 없다. 오랫동안 많은 환자를 소개했던 내 입장에서는 당장 눈앞의 점심시간을 방해받기 싫어하는 직원들의 태도가 너무나 차갑게 느껴져 다시 또 와야 하나 하는 마음이 들었다. 더군다나 현대의 서비스는 '단순하게 불만이 없음'으로 그쳐서는 안 된다. '대단히 만족하는 팬'으로 만들어야 한다.

한 세미나에 참석해 세계적 마케팅 전문가인 세스 고딘의 강의를 들은 적이 있다. 그는 무턱대고 대규모 광고 선전을 하기 전에 자기 상품이나 서비스가 천명의 팬을 모을 수 있는지 따져보라고 주장했다. 세스 고딘이 강조하는 팬fan이란 해당 업체 상품과 서비스라면 '묻지도 따지지도 않고' 구매하는 고객, 즉 단골을 뜻한다.

고객만족도 조사Customer Satisfaction Index에서는 5단계 척도일 경우 'Top 2 방식'이라고 하여 '만족한 고객(4)'과 '매우 만족한 고객(5)'을 만족한 고객의 범주로 간주한다. 그리고 고객만족도 조사를 하는 기업은 4점 또는 5점의 점수를 주는 고객 비율을 몇 퍼센트까지 올리겠다는 목표를 세우기도 한다. 그러나 고객만족도 조사를 하는 궁극적 목표는 고객만족도 점수 자체를 올리는 것이 아니라 '고객이 우리 상품을 계속 구입할 것인가'를 예측하는 수단으로 활용하는 것이다. 고객이 '만족한다'고 말하더라도 다른 브랜드로 바꾼다면, 이것은 불만족했음이 분명하다.

미국의 한 조사에 따르면 소비자의 자동차에 대한 고객만족도 조사에서 90% 이상이 만족(4) 또는 매우 만족(5)이라고 응답했지만, 40%만이 재구매한 것으로 나타났다. 1980년대 중반 제록스는 고객만족도 측정을 통해 제품과 서비스 수준을 향상하고자 투입한 막대한 비용이 어떤 결과를 가져올지를 연구했다. 제록스의 관리자들은 설문 조사에서 제록스에 4점somewhat satisfied을 준 고객과 5점completely satisfied을 준 고객들의 재구입 의사를 서로 비교해보았는데, 결과가 나왔을 때 모두 깜짝 놀랐다. 5점(매우 만족)을 준 고객들은 4점(만족) 응답을 한 고객들에 비해 무려 6배나 더 많은 재구입 의사를 가지고 있었기 때문이다. 우리가 고객을 '매우' 감동하는 팬으로 만들어야 하는 이유가 여기에 있는 것이다.

## '1:5의 법칙' – 환자소개와 고객관리

고객만족과 '고객관계관리'의 중요성을 강조하기 위해 앞서 언급한 '1:5의 법칙'에 해당되는 사례 1)을 살펴보도록 하자.

사례 1) D피부과에서 받은 서비스와 시술 결과에 만족스러워 주변의 지인들에게 많이 추천하였고 실제로 내 소개로 간 환자만 6~7명이 되었다. 방문한 지인들은 너무나 친절하고 꼼꼼한 병원장과 직원들의 서비스, 그리고 시술 효과에 만족스럽다며 좋은 곳을 소개해 줘서 고맙다고 한결같이 연락을 해왔다. 내 병원도 아니지만 좋은 곳을 공유한 기분에 괜히 으쓱하며 기쁘고 즐거웠다. 그런데 다음 내 예약일이 되어 병원을 방문하였는데 소개와 관련한 아무런 감사 인사를 받지 못했다. 소개했다고 특별히 무엇을 바란 것은 아니지만 감사 인사는커녕 아무런 언급이 없으니 좀 섭섭한 마음이 들었다.

나중에 알고 보니 내가 소개한 대부분의 고객이 동명이인인 다른 김윤경에게 등록되어 있던 것인데 나와 동명이인인 그 고객도 하필 직업이 강사라 자기가 아니라는 해명을 하지 않은 채 소개 혜택을 받고 있었다는 것이다. 그러면서 그 실장이 하는 말이 그 동명이인인 김윤경 환자에게 감사 인사를 드렸을 때 주변에 여기저기 입소문을 낸 적은 있었지만 이렇게 많이 온 줄은 몰랐다며 고개를 갸우뚱하며 어리둥절했다는 것이다.

병원장이 병원의 '고객관계관리CRM'에 착오가 있어 이렇게 중요한 고객님께 실례가 많았다며 너무 죄송하다는 사과를 했고 내가 소개한 모든 고객의 명단을 다시 나의 차트에 이관하며 관련된 혜택을 빠짐없이 챙겨주었다. 그 이후에 이 병원에 방문하면 실장뿐만 아니라 코디네이터들도 '지난번에 소개해주신 ○○님 오셨었어요. △△님은 어디로 이사 가셨다면서요? □□님 결혼하신다면서요?' 하면서 나도 모르는 소식을 전해주곤 했다. 오래 다니다 보니 새로운 실장이 왔는데, 데스크에서 대기하다 내가 병원 안으로 들어오니 자리에서 일어나 인사를 하면서 병원에 환자를 많이 소개해주셨다고 들었다며 너무 감사드린다면서 직접 시술실 안내를 하기도 했다.

고객의 정보는 가장 큰 자산이다. 고객과의 관계는 특별하며 개인적이어야 한다. 미리 고객을 알아보는 서비스를 제공하고, 또 고객만족도를 높여 매출을 늘리기 위해서는 무엇보다도 잘 다듬어진 고객 정보가 중요하다. 고객 정보를 체계적으로 기록하는 것은 고객 충성도를 높이는 맞춤형 서비스의 초석이 된다.

어느 업종이든 소개는 마르지 않는 샘물과 같다. 그런데 환자에게 어떻게 해야 다른 고객을 소개하고 좋은 소문을 내줄까? 그렇게 하게 하려면 소개받아 내원한 환자를 특별 관리할 필요가 있다. 소개로 온 환자는 더욱 세심하게 케어해야 한다. 소개를 받고 왔기 때문에 다른 환자보다 좀 더 병원을 신뢰하겠지만 그만큼 정중한 태도로 응대해야 한다. 그래야 만족한 환자가 또 다른 소개환자를 창출한다.

소개로 내원한 환자와 소개해준 환자분께 당일에 바로 감사 인사를 전하면서 우리 병원을 소개한 이유를 파악해야 한다. 소개로 내원한 환자에게도 우리 병원의 어떤 점에 대해 듣고 내원했는지 확인해야 한다. 환자가 가장 병원을 객관적으로 평가한다. 이렇게 평가를 받고 병원의 강점과 장점을 더욱 강화한다면 더 많은 환자들의 소개가 이어질 것이다. 서울의 한 병원은 매년 연말마다 전 직원 종무식 파티를 여는데 이때 환자들도 초대를 한다. 가장 소개를 많이 해준 한 환자에게 '올해의 환자상'과 소정의 선물을 수여한다. 원장과 직원들과 함께 사진을 찍고 상장을 받은 환자의 소감문도 함께 대기실에 비치해둔다. 많은 환자들이 그 모습을 보고 더 많은 환자를 소개한다고 한다. 이것이 한 사람 한 사람의 고객 가치를 높이는 '고객관계관리'의 주요 목적이다.

고객 가치는 내가 지불한 치료비를 의미하는 '고객평생가치 Customer Lifetime Value : CLV'와 내 추천으로 찾아간 고객을 의미하는 '고객추천가치Customer Referral Value : CRV'로 나누어진다. '고객평생가치'란 어떤 고객이 한평생 가져오는 이윤의 합계를 말하고, '고객추천가치'란 어떤 고객이 다른 고객을 데려옴으로써 가져오는 이윤을 말한다. 필자는 기회가 있을 때마다 평생 가치보다 추천 가치에 더 주목하라고 강조한다. 실제로 상품 구매와 추천에 관심이 없는 고객을 소개한 사람과 그에게서 소개받은 사람 모두에게 인센티브를 제공해서 마케팅에 성공한 기업들이 꽤 있다. 이른바 '고객 추천 제도'다.

'고객 추천 제도'는 기존 제품이나 서비스를 이용해 본 적이 있는 사람과 그렇지 않은 사람의 사회적 관계를 활용해 새로운 고객을 획득하는 수단이라고 할 수 있다. 특히 레스토랑, 은행, 병원 등의 서비스 산업은 직접 이용해 보기 전에는 그 품질을 평가할 수 없어 경험과 신뢰가 중요하기 때문에 이런 '고객 추천 제도'가 더욱 효과적이다. 기존 고객의 추천으로 신규 고객을 끌어들임으로써 회사에서 얻는 이익이 중요하다는 것은 이제 다 아는 사실이다.

그런데 추천을 한 기존 고객에게는 어떤 효과가 나타날까? 결론부터 말하면 기존 고객은 더욱 충성스러워진다. 이른바 행동의 일관성 효과 때문이다. 행동의 일관성 효과란 사람은 자신이 한 행동을 지지하는 방향으로 생각하는 경향이다. 즉 사람이 특정한 방향의 행동을 하게 되면, 그 방향으로 생각이 바뀌게 되고, 이후의 행동에도 긍정적인 영향을 미친다는 것이다.

# 결정적 순간의 설계

## MOT 서비스 사이클, 결정적 순간의 개념

　서비스는 기본적으로 '물건'과 다르다. 특히 품질관리가 그렇다. 자동차나 텔레비전 같은 물건의 경우는 생산 라인에서 나오는 제품을 검사하는 것으로 품질을 관리할 수 있다. 그러나 이 방법은 은행 계좌 개설과 병원의 진료 서비스에는 적용할 수 없다. 인간이 서비스를 생산, 공급함으로써 서비스 품질에 대한 새로운 개념이 필요하게 되었다. 이 개념이 바로 '결정적 순간'이다.

　'결정적 순간Moment of Truth : MOT'은 서비스업에 종사하는 사람들이 보는 관점을 바꾸어 고객을 어떻게 다루어야 하는가에 대해 생각할 때 중요한 사고방식이다. '결정적 순간'은 원래 투우용어로서 「숨통을 끊어 마지막 끽소리를 못 하게 하는 순간」을 말하는데, 학술적으로는 스웨덴의 마케팅학자 리챠드 노만이 1980년도 초에 처음으로 소개했다. Moment of Truth를 말 그대로 해석하면 '진실의 순간'이 되지만, '진실의 순간'이라고 번역하는 것보다 '결정적 순간'으로 해석·번역하여 사용하는 편이 더 쉽게 이해된다.

'결정적 순간'이 서비스에서 갖는 의미가 무엇인가를 알기 위하여 먼저 그 정의를 알아보기로 한다. '결정적 순간'이란 고객이 조직의 어느 일면, 또는 한 접점과 접촉하는 것으로 서비스의 품질에 대해 어떤 인상을 받는 충격의 순간을 뜻한다.

'결정적 순간' 그 자체가 상품이며 이는 최일선의 종업원이 제공하는 서비스다. 그러므로 직원과 고객과의 접촉만이 '결정적 순간'을 만드는 것이 아니고 병원의 경우, 인터넷 홈페이지, 병원 외관, 간판, 주차장, 엘리베이터, 현관, 접수대, 수납, 대기실, 음료대, 화장실, 복도, 예진실, 원장실, 진료실, 파우더룸, 출구 등이 고객 접점의 '결정적 순간'이 된다.

'결정적 순간'이라는 개념은 적자 상태였던 스웨덴의 스칸디나비아항공SAS의 재건을 위해 사장으로 취임한 얀 칼슨에 의해 처음 경영 이념으로 도입되었다. 얀 칼슨은 이 개념을 도입하면서

1981년, 불과 1년 만에 스칸디나비아항공을 연간 800만 달러의 적자회사에서 20억 달러의 매출과 7,100만 달러의 이익을 거둔 회사로 성장시켰다.

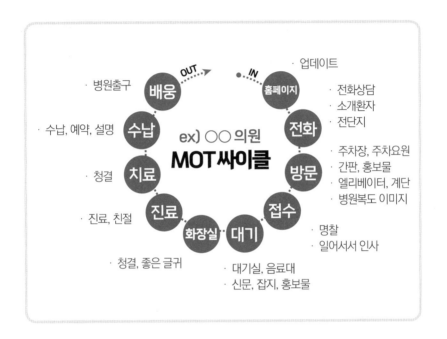

'MOT 서비스 사이클'이란 고객이 처음으로 접촉해서 서비스가 마무리될 때까지의 서비스 행동의 전 과정을 고객의 입장에서 그려보는 방법을 말한다.

병원 건물 내에는 수납, 예약, 채혈, 진료, 검진, 간호 등 여러 부서의 다양한 업무영역이 있으며, 각층별로 고객 접점 요소가 다르게 나타나는데, 각각의 판매와 서비스 단위를 세분화하여 고객 접점 사이클을 세부적으로 분석하여 작성한다.

　세부적인 분석을 위해서는 다음의 서비스 마케팅 구성 요소를 이해할 필요가 있다. 전통적으로 마케팅 구성의 요소는 product, price, place, promotion의 4P's로 표현되는데 서비스 마케팅 믹스의 요소는 유형 제품에 적용되는 이러한 요소들에 세 가지 통제 가능한 요소들 즉 physical evidence, process, people을 추가하여 7P's로 나타낼 수 있다. 이를 의료 서비스에 대비해보면 먼저 product제품는 의사의 진료 수준, 병원 브랜드, 의료 장비 등이며, price가격는 치료비, 유연성, 가격 수준, 할인, 무료 등, place장소, 유통는 진료 서비스가 판매되는 방법, 내부 시설, promotion촉진은 환자에 대한 의사전달에 사용되는 방법, 즉 communication, sns 등이라고 할 수 있겠다. 그리고 3P's는 다음의 표를 통해 확인하겠다.

## 서비스 마케팅 믹스 3P's

| physical evidence<br>물리적 체험요소 | process<br>의료시스템 요소 | people<br>인적요소 |
|---|---|---|
| • 하드웨어<br>• 주차장 시설, 건물<br>• 병원의 시설<br>• 인테리어, 진료실<br>• 수술실 분위기<br>• 의료 장비 수준 등 | • 소프트웨어<br>• 내부 시스템<br>• 진료 절차, 예약제<br>• 이벤트, 해피콜, 리콜<br>• 수납 방식(선, 후불)<br>• 고객 만족도 조사 등 | • 휴먼웨어<br>• 서비스 마인드<br>• 용모, 이미지메이킹<br>• 적극성, 친절한 설명<br>• 고객 응대의 신속성<br>• 응대 태도 등 |

　　대부분의 서비스는 사람들people에 의해 제공되므로 직원의 선발, 교육/훈련, 동기 부여는 고객만족에 커다란 영향을 미친다. 또한 서비스는 무형의 것이며 미리 품질을 평가하기가 어려워 소비자들은 관련 시설물이나 경우에 따라서는 사원들의 외모나 복장에 의해 서비스 품질을 추론하는 경우가 많다. 따라서 서비스 기업은 적절한 실체physical eviednce로써 고객들에게 서비스의 품질을 알리고 신뢰감을 심어주어야 한다. 끝으로 서비스 품질을 결정짓는 요소는 결과 품질과 과정 품질로 구분할 수 있다. 동일한 결과 품질을 제공하더라도 그 서비스를 제공하는 과정process은 전반적 서비스 품질overall service quality을 평가하는 데 매우 중요한 요소가 된다.

# MOT 분석과 고객접점 표준안

고객이 지금까지 받은 서비스의 질을 판단할 때, 중요한 역할을 하는 '결정적 순간'에는 다음과 같은 3가지 요소가 있다.

- **플러스 요인** : 충분히 만족한 과거의 '결정적 순간'에서 고객이 체험한 일
- **고객의 표준적인 기대** : 고객의 표준적 또는 원칙상의 기대
- **마이너스 요인** : 서비스의 품질에 실망한 과거의 '결정적 순간'에서 고객이 체험한 일

사례 1) 병원을 개원할 때 규모를 미리 계획하고 부지를 선정해 병원을 짓는 경우도 있지만, 작은 병원이 지역에서 굳건히 자리를 잡아 더 많은 환자를 수용하기 힘들게 된 경우에는 건물의 위층이나 아래층으로 넓혀가다가 옆 건물까지 확장이 되어 건물을 트는 경우도 종종 있다. 처음부터 함께 만들어진 건물도 아니거니와 병원용으로 만들어진 구조가 아니다 보니 환자의 동선이 애매해지는 경우가 많다. 이러한 경우를 가진 영등포의 K병원 신입 직원들을 대상으로 3년간 교육을 진행한 적이 있다. 매년 병원의 'MOT 접점분석'을 통해 환자의 불편 요소를 찾아내고 개선안을 도출하는 시간을 가졌다. 하지만 신기하게도 매년 같은 마이너스 심리 요소가 도출되는 공통 접점이 발견되었다.

바로 새로 매입한 앞의 건물과 연결통로를 만드는 과정에서 층별 안내가 제대로 되지 않아 환자가 데스크를 찾아 헤맨다는 점이다. 게다가 연결통로로 이어져 있기는 해도 옆 건물과 층이 다르고 각 진료 센터의 입구가 달라 하루에도 몇십 명의 환자들에게서 안내 질문이 쏟아진다고 한다. 하드웨어적인 문제가 있다고 하더라도 건물을 부수고 다시 짓는 것은 매우 어려운 일이기에 하드웨어적인 부분을 보완할 수 있는 개선점을 찾아내 환자의 편의를 향상할 수 있다.

| 플러스(+) 요인 | 고객의 표준적인 기대 | 마이너스(-) 요인 |
|---|---|---|
| 눈에 띄는 접수 안내표지판 설치 및 안내 직원을 배치하여 두리번거리는 환자에게 먼저 다가가고 필요한 사항을 체크한다. | 병원 입구에 들어서면 바로 접수한 후 각 진료부서로 갈 수 있는 매끄러운 동선 | 내원 시 접수창구가 보이지 않아 눈에 제일 먼저 보이는 진료부서로 갔다가 헤맨다. |
| 서류발급 전담 창구를 분리 & 키오스크를 설치한다. | 서류 발급만 가능한 창구설치 | 수납과 서류 발급을 한 창구에서 동시에 진행하여 서류 대기 시간이 길다. |
| 현 위치 안내 지도를 만들어 곳곳에 부착한다. | 헷갈리지 않고 누구나 찾아갈 수 있는 눈에 띄는 안내표식 | 복층 구조로 위치가 헷갈린다. |

표는 위의 사례 1)을 통해 병원 접수 서비스를 중심으로 한 하드웨어적인 고객의 표준적 기대와 플러스, 마이너스 요인을 설명한 것이다. 'MOT 서비스 사이클'로 접점 분석 후에 각 접점 단위별로 위 3가지 요소에 따라 고객접점 표준안을 만드는 것이 'MOT 차트'다. 이것은 세 개의 세로 란으로 이루어진 간단한 차트로 중앙에 MOT에 대한 고객의 표준적인 기대를 기록하고 오른쪽 란에는 MOT를 불만족스럽게 만드는 마이너스 요인을, 왼쪽 란에는 고객의 마음에 가치를 부가할 수 있는 플러스 요인을 적는다.

MOT 차트를 효과적으로 활용하려면 하드웨어적인 관점을 놓치지 말고 이를 고객접점 매뉴얼에 반영하여 표준 응대법을 마련하는 노력이 있어야 한다. 직원들은 매뉴얼을 만드는 과정을 통해 각 접점 단계별로 스스로 고쳐야 할 점을 발견하고 시정하면서 고객의 눈높이를 맞출 수 있는 좋은 기회를 얻게 될 것이다.

병원의 하드웨어적인 설계는 굉장히 어렵다. 각 진료과의 특성과 이용하는 환자들, 질병 등을 다 알아야 공간을 제대로 설계할 수 있다. 다양한 질병을 앓고 있는 환자들과 그 보호자는 물론 수많은 의료진이 함께 움직이는 곳이 병원이다. 당연히 일반 건축을 하는 사람들은 쉽게 접근하기 어렵다. 환자와 의료진이 움직이는 동선뿐만 아니라 자연 친화적인 환경이 치유와 돌봄에 미치는 효과까지 주목해야 한다. 실제로 의학계에서도 자연의 힘이 어느 의술보다 환자에게 좋은 치료 방법이 된다는 연구가 속속 나오고 있다. 푸른 식물이 보이는 창문을 가진 병실은 환자의 회복에 긍정적인 영향을 미친다는 연구 결과가 대표적이다.

싱가포르에 있는 '응텡퐁Ng Teng Fong' 병원이 이런 면에서는 벤치마킹 사례로 손색이 없다. 다른 병원이 의술, 의사 수 등과 같은 '소프트웨어'에 주목할 때 병원은 외관인 '하드웨어'에 주목했다. 일 년 내내 무더운 싱가포르 열대성 기후의 단점을 보완하기 위해 주변 일조량과 풍향, 풍속 등을 분석해 건물 외관 디자인에 반영했다. 독특한 모양의 유선형 발코니가 햇빛과 태양열의 유입을 차단하고, 만Bay처럼 움푹 들어간 공간을 통해 환기량을 두 배 증가시켰다. 여기에 건물 하단의 주춧대가 주변 도로 소음까지 잡아준다.

이 모든 기능을 추가하다 보니 병원은 직사각형이 아닌 독특한 유선형 형태의 건축물로 탄생했다.

환자를 배려하는 '센스'도 갖췄다. 기존 병원의 병실은 대부분 직사각형으로 돼 있다. 병실의 구석 자리는 어둡고 환기가 안 되기 마련이다. 이 병원은 직사각형 병실의 단점을 보완해 곡선 모양으로 건축했다. 모든 환자가 개별 창문과 외부 정원을 향한 시야를 확보함으로써 햇빛과 식물을 통한 환자의 심리적 안정 효과를 고려한 것이다.

환자들이 자유롭게 바깥바람도 쐴 수 있게 했다. 2개 층마다 외부 베란다에 정원을 배치해 환자의 심리적 안정과 치유는 물론 햇빛이나 소음을 차단하는 동시에 공기를 정화하는 효과까지 이끌어 냈다.

대부분의 병원은 환자 중심 병원을 표방하면서 진료 프로세스나 의료진의 응대 태도를 강조한다. 이와 달리 응텡퐁병원은 먼저 '친 환자 하드웨어'부터 갖췄다. 그런 다음에 환자와 직원 간의 동선 분리, 입원과 외래의 건물 분리, 진료비 후불 시스템 등 소프트웨어를 환자 중심으로 개선했다.

의학 기술이 획기적으로 발전하면서 모든 질병은 의술로 정복할 수 있다는 믿음이 팽배하고 있다. 인간 그 자체는 무시되고 질병만 치료하면 그만이라는 생각이 지배적이다. 그 결과 병원은 환자가 아닌 의료진의 동선과 효율성에 초점을 맞춘 공간으로 변모했다. 하지만 이제 병원은 어떤 질병이냐에 상관없이 하드웨어, 소프트웨어, 휴먼웨어가 조화로운 치유와 돌봄의 공간으로 변모해야 한다.

하드웨어, 소프트웨어, 휴먼웨어가 모두 결정적 순간이 되는데, 전체적인 개선에 워낙 많은 비용과 노력이 필요하다 보니 당장 개선이 가능한 안내표지 설치와 동선 개선조차도 무관심한 채로 방치되고 있는 것은 아닌지 살펴야 한다.

## 서비스 마케팅 결과품질 vs 과정품질

에베레스트 등반 등 고산 등정 방식은 크게 두 가지로 나뉜다. 단지 오르는 데에만 올인하는 '등정주의登頂主義'와 과정에 의미를 둔 '등로주의登路主義'다. 물론 정상 정복이라는 목적은 같다. 전 세계가 열광하는 히말라야 8000m급 14좌 완등이나 산악 그랜드슬램히말라야 14좌, 세계 7대륙 최고봉, 3극점 달성은 '등정주의'에 초점을 맞춘 것이다. 반면에 '등로주의'는 결과보다는 과정을 따진다. 평점을 주는 기준이 어디에 올랐느냐가 아니라 얼마나 어려운 등반 과정을 거쳤느냐는 것이다.

서비스 품질이나 평점에도 이와 유사한 평가 방식이 적용된다. '결과품질등정주의'과 '과정품질등로주의'이다.

스타벅스나 투썸플레이스 같은 대형 프랜차이즈 커피를 마시는 이유는 무엇일까? 맛과 향, 마일리지와 혜택, 기다리는 동안의 즐길 거리와 볼거리 등 다양한 이유가 있을 것이다.

비싸더라도 그 매장의 커피를 선택하는 이유는 분명히 있다. 비싼 가격은 그만큼 값어치를 한다고 여기기 때문이다. 값어치라는 것은 맛과 향뿐만 아니라 내가 경험한 서비스에 대해 기꺼이 지불할 의향이 있다는 것으로 해석할 수 있다. 서비스 품질을 결정짓는 요소에는 '결과품질'과 '과정품질'이 있다. 동일한 결과품질을 제공하더라도 그 서비스를 제공하는 과정은 전반적 서비스 품질을 평가하는 데 있어 매우 중요한 요소가 된다.

돈을 내고 내 손에 쥐어진 커피는 '결과품질'이다. 그러나 그 커피 한 잔을 손에 받기까지 거치는 단계에서 고객은 많은 것을 경험하게 된다. 매장에 들어섰을 때 카페의 분위기, 직원의 친절한 주문 안내, 커피 픽업, 그 브랜드만의 마일리지 혜택 등 모든 단계에서 그 기업의 서비스를 경험하게 되며 이는 '결과품질'에 영향을 끼칠 '과정품질'이 되는 것이다.

예전에는 은행에서 대출을 받거나 보험금을 청구할 때 금융기관에서 개인이 지출한 경비 내역과 신원을 증명할 수 있는 각종 증빙 자료를 요구했다. 은행 영업점을 방문해 아파트 담보대출을 신청할 때는 심사 과정에서 걸리는 시간을 고려해 매매계약 체결 최소 2주 전에 은행에 대출 가능 여부를 확인했다. 준비해야 할 서류는 최소 10종에 달하며, 인감증명서와 인감도장을 지참하고 영업점에 직접 방문해야 한다. 그러나 이제는 아파트 담보대출을 받을 때 은행에 나와 번거로운 서류를 제출하는 절차가 생략되었다. 비대면 대출을 신청하면 대출 가능 여부, 적용 금리와 한도를 파악하기까지 3~5분이면 충분하다. 스크래핑 Scraping 기술 덕분이다. 스크래핑이란 개인의 금융정보 가운데 필요한 정보를 자동으로 추출해 가공할 수 있는 기술로, 최근 금융 시장의 트렌드가 되고 있다. 이런 방법으로 담보대출의 절차를 간편화할수록 이용자가 몰린다는 걸 확인했기 때문이다. 대출 이율이 낮거나 대출 금액 한도를 높여주는 '결과품질'이 아니라 얼마나 간편하고 신속한 프로세스를 제공하는 것이냐로 승부처가 바뀐 것이다. 물론 대출 금액과 신속한 프로세스 둘 다 중요하지만, 이제는 디지털화와 '고객경험'의 향상을 통해 '결과품질대출 한도'보다는 '과정품질간단한 프로세스'로 고객을 끌어들이는 것에 초점을 맞추는 전략 쪽이 대세라 할 수 있다. 카카오뱅크가 '과정품질'에 초점을 맞춘 대표적인 사례이다.

카카오뱅크와 다른 은행의 차이는 금리와 수수료에서 비롯된 것이 아니다. 카카오뱅크는 카카오톡이라는 확장성을 가지고 있으며 모임 통장, 1/N 정산하기, 뿌리기 등을 통해 타 은행과 차별화했다.

지금까지 여러 학자들에 의해 제시된 서비스 품질의 두 가지 구성 요인은 '기술적 품질technical quality'과 '기능적 품질functional quality'이다. 기술적 품질은 서비스가 제공된 후의 성과에 대한 고객 평가인 '결과품질outcome quality'을 의미하며, '기능적 품질'은 서비스 제공자로부터 서비스를 받는 과정에서 느끼는 품질로 '과정품질process quality'이라고 한다.

병원의 의료 환경에서 기술적 품질은 '사실상의 품질'이라고도 불리는데, 이는 주로 진단과 치료의 기술적 정확성을 근거로 정의된다. 병원의 기술적 품질에 대한 정보는 일반적으로 소비 대중들이 입수할 수 없기 때문에, 의료 서비스의 기술적 품질에 관한 지식은 의료 전문가들과 관리자들만의 전유물로 남아 있다. 반면에 의료 서비스의 기능적 품질은 의료 서비스가 환자들에게 제공되는 방식을 일컫는다. 환자들이 의료 서비스의 '기술적 품질결과품질'을 정확하게 평가하기 어렵기 때문에, 일반적으로 '기능적 품질과정품질'이 환자들의 품질 인식의 제1차적인 요인이 된다.

의료 서비스의 결과 또는 질병의 회복이라는 산출물결과품질에만 제한되는 것이 아니라, 서비스를 제공받는 동안의 전달 과정 및 구매자와 판매자 간의 상호 작용 등 서비스 이용시의 모든 과정이 품질 인식과 관련되는 것이다. 즉 환자가 인지하는 의료 서비스 품질은 기술적인 질결과품질보다는 기능적인 질과정품질에 기초하여 평가된다.

병원에서의 '결과품질'은 환자가 원하는 결과가 나오는 것, 당연히 아픈 곳이 낫고 걱정되었던 질병에 대해 속 시원한 해답을 듣고 아프기 이전으로 돌아가는 것이다. 의사의 의술에 절대적으로 의존하던 1980년~1990년대는 환자의 선택의 폭이 넓지 못했으며 오로지 '결과품질'만 중요시 되던 시대였다.

한 피부과에서 근무할 때 만난 환자 한 분이 흉터 치료를 위한 고가의 시술 병원임에도 우리 병원을 선택한 이유에 대해 직원들과 병원장의 공감 능력 때문임을 말해 준 적이 있다. 다른 병원에서 진료받은 경험이 있는 분이었는데, 그곳의 상담실장이 손으로는 절대 만지면 안 되는 징그러운 것을 다루듯 자신의 흉터를 볼펜으로 건드리고 찌르고 누르는 식으로 상담을 진행하는 것에 상처를 받았다고 했다. 그러나 우리 병원에서의 만난 병원장과 직원들이 '그동안 힘드셨겠다, 마음고생이 많으셨겠다, 같이 열심히 치료해보자.'라는 말을 하면서 흉터 부위를 조심스럽게 다루는 모습에서 큰 감동을 받았고 치료를 받고 완쾌된 기분마저 들더라는 것이다. 또한 자신은 어떠한 결과가 나오더라도 만족한다고 했고 긴 치료 기간이 끝난 뒤에도 너무나 흡족한 과정이고 결과였다는 말을 아끼지 않았다.

많은 병원이 최첨단의 의료 장비들을 갖추고 경쟁하는 지금 '결과품질'은 당연한 것이며, 진료를 받는 모든 과정에서의 품질은 환자로 하여금 지불할 가치를 느끼게 해야 한다. 병원을 검색하는 과정의 편리성에서부터 내원하면서 만나는 병원의 이미지와 환경, 환영하는 직원들의 태도, 세심한 설명과 공감을 해주는 의료진, 시술비용, 치료의 프로세스 등 환자는 제공받는 서비스를 통해 병원을 평가하게 된다.

의료계에서 환자가 자각하는 의료 서비스 품질 중 기능적 품질과 기술적 품질은 모두 고객만족에 직·간접 영향을 미친 것으로 확인되고 있다. 이는 입원환자의 만족에는 의료진으로부터 제공된 서비스의 최종 결과뿐만 아니라 서비스가 제공되는 과정에서 그들이 느끼고 인지하는 경험이 작용한다는 것을 잘 보여준다.

'기능적 품질<sub>과정품질</sub>'이 '기술적 품질<sub>결과품질</sub>'보다 더 큰 영향을 미친 것으로 밝혀진 바, 환자들은 의료 서비스의 최종적인 '결과품질'보다도 의료 서비스가 제공되는 동안에 이루어지는 의료진과 환자의 상호 작용이나 의사소통 등에서 더 큰 만족을 느낀다는 점을 기억해야 한다.

따라서 현대 의료 경영 트렌드는 휴먼웨어 경쟁이라 할 수 있으며 이제 의료 서비스는 '결과품질'로만 업계 우위를 점할 수 없다. '결과품질'과 함께 '과정품질'이 중요함을 인지하여야 하며 '과정품질'은 무수히 많은 만족의 요소를 품고 있음을 기억해야 한다.

# 결정적 터치 포인트(Critical Touch Point)

　얼마 전 집 앞에 제법 큰 규모의 정형외과가 오픈했다. 이곳은 물리치료실과 도수 치료실을 별도로 분리하였고 특히 도수 치료실을 모두 1인실로 만들어 환자의 프라이버시를 지킬 수 있도록 세심하게 신경 쓴 점이 아주 마음에 들었다. 그런데 도수 치료를 받기 위해 베드 얼굴 구멍 부분에 얼굴을 파묻고 엎드려 보니 전동침대 밑에 머리카락과 먼지 뭉치가 눈에 들어왔다. 신발을 벗을 때만 해도 청결하고 깨끗해 보이던 병원이었는데 엎드리는 순간, 직원들에게는 절대 보이지 않았을 침대 밑 먼지들과 머리카락들이 눈에 들어온 것이다. 치료 순서에 따라 전동 베드의 높이가 올라갔다 내려갔다 하는 동안 저 먼지가 내 코에 들어올까 싶어 불편하다 못해 불쾌한 마음으로 치료를 마쳤다. 끝나고 고민하다 직접적으로 말하기 조심스러워 데스크에 살짝 이야기를 전하니 직원은 별 대수롭지 않다는 듯 "아, 네."하고 대답하였다.

　가족 여행으로 한 호텔에 투숙했을 때의 일이다. 체크인하고 룸의 문을 열었을 때 눈 앞에 펼쳐지는 '오션뷰'에 가슴이 뻥 뚫리는 느낌이 들었다. 들뜬 마음으로 둘러 본 룸 내부 환경은 좋았다. 하지만 화장실을 사용하기 위해 들어가 변기에 앉아서 세면대를 보는 순간, 서 있을 때는 보이지 않던 세면대의 안쪽 구석이 눈에 띄었다. 세면대 안쪽의 검은 부분이 보여 자세히 보니 이음

새가 벌어져 접착제 검정 끈끈이가 노출되어 있고 주변에 검은 곰팡이 때가 보였다. 서 있을 때는 전혀 보이지 않던 것이 변기에 앉으니 눈높이에 딱 맞게 보이는 것이 아닌가. 그 이후 호텔을 유심히 살펴보았는데 구석구석에 곰팡이가 눈에 띄었고 천장의 거미줄까지 보여 호텔 측에 이야기하고 룸을 바꾸었다.

병원 현장 직원들과 강의를 진행할 때 반드시 '서비스 품질관리 MOT'를 시행한다. 직원들에게 내가 근무하는 이 병원에 환자로 왔다고 가정하게 한 다음 예약부터 시작해서 병원 전체 진료 과정을 직접 경험하게 하고 그에 대해 분석해보는 시간을 갖는다. 서비스 마인드를 강조하기 앞서 현재 시행하고 있는 서비스를 먼저 점검해보면 의료 서비스 종사자로서 스스로 서비스 상태를 되짚어 보는 좋은 시간이 될 것이다.

'결정적 순간'은 마치 사물과 사진작가의 감정이 일치하는 순간의 셔터 찬스 같은 것이다. 서비스의 품질은 대수롭지 않게 보이는 관계에서 순간적으로 발생하며 직원과 고객 셔터의 관계는 양자가 접촉할 때마다 번개처럼 순간적으로 생기는 것이다. 그래서 첫인상이 중요한 것이다. 그리고 '결정적 순간'은 틀림없이 고객에게 전할 수 있는 서비스의 '최소 구성단위'다.

그런데 여기서 서비스의 최소 단위인 'MOT'를 통해 효과적으로 고객 만족도를 높이는 전략을 생각해 볼 수 있다. 앞서 설명한 것처럼 기업의 입장에서 'MOT'는 고객이 기업의 종업원 또는 상품이나 서비스를 포함해 모든 인적 물적 자원과 접촉하는 순간의 상황을 말한다. 그렇지만 고객은 모든 순간이나 사건을 사진작가의 셔터 찬스처럼 오래 기억하지 않는다는 점을 기억할 필요가 있다. 호텔 서비스에서 제시된 중요한결정적 사건들을 예로 들어보면 이렇다.

사례 1) 체크인하고 룸에 들어갔을 때, 훅 끼치는 담배 냄새와 다른 불쾌한 냄새로 인해 룸을 바꿔 달라고 했다. 이에 대해 정중히 사과하고 즉시 다른 룸으로 교체를 해주었으며, 창밖으로 보이는 경치가 좋은 룸이어서 투숙해 있는 동안 너무나 만족스러웠다.

사례 2) 새벽에 어린이 감기약을 프런트에 부탁하였으나 어린이용 감기약은 갖고 있지 않으며 새벽이라 구할 수도 없다고 하였다. 특급 호텔에서 구해 보려는 성의는 보여야 되지 않나?

99번을 잘해도 한 번 잘못하면 허사가 될 수 있기에 'MOT'의 개념에서 한 번은 숫자 1 이상의 가치를 지닌다. '100-1'이 수학적으로는 99라는 답을 가지지만 디테일이 강조되는 'MOT'의 개념에서 답은 0이다. 작고 사소한 한 가지를 챙기지 못하는 것이 막대한 이미지 훼손을 초래할 수 있기 때문이다. 그럼 100% 완전한 접점은 완전하고 감동적인 '고객경험'을 만드는 것일까? 여기서 더 효율적으로 'MOT'를 관리해야 할 전략이 필요하다. 즉 'MOT' 중에서 특히 기억에 남을 만한 사건이나 중요한 '터치 포인트Touch Point'가 무엇인지를 알아내는 것이 중요하다. 예를 들어 자동차 손해보험사의 터치 포인트는 홈페이지의 활용성, 고객센터 직원의 전문성, 보험 가입 절차의 간편성, 보험료 청구서 수령의 용이성, 사고 처리나 보상의 신속성 등이다. 그럼 이 가운데 고객의 감정 척도를 좌우하는 가장 중요한 터치 포인트는 무엇일까? 연구 결과에 따르면, 고객들이 보험회사에 대한 만족도를 결정하는 터치 포인트는 사고 처리 과정이다. 사고 처리를 하면서 좋은 보험회사인가 아닌가를 판단한다는 이야기다.

병원에서 결정적 터치 포인트는 무엇일까? 의사들에 대한 만족도가 지지부진하여 고심하던 한 병원은 주임 간호사가 퇴원 48시간 안에 모든 퇴원 환자들에게 전화를 걸어 그들의 경험을 듣고 질문에 친절하게 대답해주어 큰 성과를 거두었다고 한다. 인간적 교감이 중요한 터치 포인트였던 셈이다. 국내 한 대학병원은 환자가 수술실에 도착하면 환자의 동의하에 주치의를 비롯한 전 의료진이 환자의 몸에 손을 얹고 편안한 마음으로 수술을 잘 받을 수 있도록 최선을 다하겠다는 기도를 한다. 이 병원에서 수술을 받은 환자들은 이 '기도하는 의사' 프로그램을 잊지 못한다고 한다. 중요한 터치 포인트를 제대로 설계한 경우이다.

이런 의미에서 기업이나 병원은 서비스 품질의 측정 방법을 다양화할 필요성이 있다. 그 가운데 하나가 '중요 사건 기법Critical Incident Technique : CIT'의 도입이다. 이는 호텔 사례처럼 고객과 직원 사이에 발생한 특정한 접촉의 결과로 특별히 만족스러웠던 경우나 불만족스러웠던 경우를 수집하여 분석하는 것이다. '중요한 사건Critical Incident'이란 가장 최근의 사례이거나 가장 기억할 만한 경험으로 특정한 업무를 수행하는 데 있어 결과의 성공과 실패를 결정짓는 매우 중요한 행동들을 포함하고 있는 사건을 말한다. 어떠한 활동이 추구하는 목표에 긍정적 혹은 부정적으로 심각한 영향을 미칠 경우, 그 사건은 중요한 사건이다. 즉 발생 가능한 모든 사건이 수집되고 분류되는 것이 아니라 특별히 특정한 결과만족·불만족, 효과적·비효과적를 유발한 사건이기에 고객이나 관찰자가 계속 기억할 수 있는 것이다.

# II.

## 환자의 경험을 디자인하라

# 환자경험 서비스 디자인

## 안내표지판의 혁신

"어느 동물의 발자국일까요? 발자국을 따라가 볼까요?"

한 대학병원의 소아응급실에 가면 담당 간호사가 잔뜩 겁을 먹은 어린 환자들에게 활짝 웃으며 바닥에 있는 발자국 모양을 가리키며 안내한다. 어느 발자국을 따라갈지 정해서 그 발자국을 따라가다 보면 발자국의 동물이 벽에 크게 그려져 있는 침대에 도착한다. 그 동물을 만나러 아이들은 자연스럽게 신발을 벗고 침대에 올라가 눕고 벽과 천장에 있는 동물들을 손으로 가리키며 까르르 웃는다. 응급실이 울음소리 가득한 무서운 공간이 아니라 놀이터와 같이 즐겁고 재미있는 경험의 공간인 것이다.

한 대학교 보건의료행정학과 학생들과 한 대학병원의 서비스 디자인팀이 소아응급실 이노베이션 프로그램을 통해 소아응급실의 '환자경험'을 디자인한 사례이다.

소아응급실은 많은 어린이 환자들이 겁에 질려 큰 소리로 우는 곳이다. 하지만 이 병원의 소아응급실은 어떠한 문제점이 있는지를 진단한 뒤, 아이들의 정서를 고려하여 무섭지 않은 소아응급실을 만들어냈다.

이노베이션 이후 자체 조사 결과, 아이들이 응급실에서 우는 빈도가 약 80% 정도 줄어들었다.

세계적으로는 영국의 '응급실 폭력을 줄이는 서비스 디자인'과 GE의 MRI 설계가 유명하다. 디자인만 개선했을 뿐인데 병원 응급실 내 폭력이 50% 줄어드는 효과를 냈기 때문이다. 영국 보건부는 디자인 진흥기관인 디자인 카운슬Design Council에 응급실 폭력 실태 조사를 통한 응급실 폭력의 원인 분석과 응급실의 의료 서비스 개선 작업을 의뢰했다. 사전 조사 결과, 응급실 내 폭력은 명확하고 효율적인 정보와 안내가 부족한 상황에서 대기 시간으로 인해 불만이 생기고, 불만이 환자의 불안과 고통과 합쳐지면서 의료진에게 공격적으로 행동하는 경향 때문에 발생하는 것으로 나타났다. 영국 보건부는 안전한 응급실 진료 환경을 만들기 위한 디자인 해법을 공모했고, 디자인 사무소인 피어슨로이드Pearson Lloyd의 '더 나은 응급실A better A&E' 프로젝트가 최종 선정됐다.

이들은 환자를 위해 응급실의 상황을 알기 쉽게 전달하는 안내 패키지를 개발했다. 응급실 내 진료 과정을 '접수, 평가, 치료, 결과'의 네 단계로 나눠 환자가 현재 자신이 어느 단계에 있는지, 응급실 내의 상황이 얼마나 긴박하게 돌아가고 있는지와 같은 정보를 안내한다. 환자가 응급실에 들어오는 즉시 응급실 안내 리플렛을 배부해 진료 과정과 평균적인 대기 시간을 안내했다. 또 환자 본인의 상태가 중증 응급으로 분류됐는지, 아니면 심각하지 않은 상태로 분류됐는지 확인할 수 있도록 했다. 또한 실시간 모니터를 설치해 응급실 혼잡도와 그에 따른 치료 지연 등을 빠르게 환자들에게 알렸다.

디자인 회사 피어슨로이드가 병원 안내 디자인을 개선한 뒤, 75%의 환자가 대기 시간에 대한 불만이 줄어들었다고 답했으며, 폭력 발생 빈도도 이전 대비 50% 수준으로 낮아졌다.

글로벌 기업 G,E 헬스케어팀에서 첨단 영상 의료 시스템 설계 및 개발을 하고 있는 더그 디츠Doug diets는 GE에서 MRIMagnetic Resonance Imaging, 자기공명영상법를 개발하며 산업디자인 상을 수상했다. 자신이 개발한 MRI 장비가 잘 사용되는지 살펴보기 위해 방문한 병원에서 그는 큰 충격을 받게 된다. MRI 검사가 무서워 어린이 환자는 엄마 손을 꼭 잡고 울고 있었으며 심지어 검사를 받는 동안 어린아이들에게 수면 마취를 하기도 했다. MRI 장비의 어둡고 차가운 좁은 구멍이 아이들에게는 너무 무서웠던 것이다. 더그 디치는 자신이 이 문제를 꼭 해결하리라 다짐했다. 이 문제를 해결하기 위해 아이들의 눈높이로 자신의 창의력을 발휘하며 노력한 끝에 그는 MRI에 대한 공포심을 즐거운 모험심으로 바꾸었다.

그렇게 완성된 혁신이 바로 GE MRI Adventure series였다. 놀이동산의 우주선과 해적선처럼 기계의 외면을 꾸민 것만으로 MRI를 대하는 아이들의 반응이 크게 달라졌다. 우주선을 타고 모험을 하고 해저를 모험하기도 하며 의사와 간호사들도 상황에 맞는 복장을 하여 더욱 신나는 모험을 할 수 있도록 도왔다. 이전에는 MRI 검사를 받는 어린아이 중 80% 이상이 진정제나 수면제의 도움을 받아야 했는데 GE MRI Adventure series가 개발되자 검사를 받는 환자의 수가 늘었고 만족 지수도 90%나 상승했다. 기계적 변화 없이 외면의 그림을 통해 MRI 검사에 대한 공포심을 모험심으로 바꾼 사례라 할 수 있겠다.

병원의 서비스 디자인에서 빠뜨리지 말아야 할 것 가운데 하나가 바로 안내표지일 것이다. 특히 규모가 크고 종합병원으로 진료 과목이 많을수록 안내표지가 헷갈리고 당황스럽기 마련이다. 병원 건물의 구조가 복잡하고 진료실, 채혈실, 응급실, 수술실,

교수실, 간호실, 약국 등 다양한 유형의 장소가 흩어져 있는 병원의 특성상 병원의 내부 구조를 단순화하는 데는 한계가 있기 때문이다. 이때 많이 찾는 것이 바로 안내판내부사인물과 바닥에 안내 표기가 된 화살표, 그리고 건물 안내도이다.

병원을 방문하는 환자들 가운데는 노화로 인해 시력이 많이 떨어진 고령 환자가 많다. 그리고 시력이 정상이 아닌 안과 환자들도 방문한다. 병원은 그들에게도 명확한 안내 정보를 제공해야 할 의무가 있다.

일본의 갓타Katta 시민종합병원은 병원에서 환자들이 쉽게 길을 찾을 수 있도록 유명 디자이너와 협업한 병원이다. 이 병원은 하라 켄야라는 일본의 유명한 디자이너와 함께 고령 환자나 시력이 좋지 않은 환자가 쉽게 알아볼 수 있도록 사이니지 시스템을 개편했다. 하라 켄야는 허리를 펴기 어렵고 시력이 좋지 않은 고령 환자들이 쉽게 알아볼 수 있도록 바닥에 직접 안내하는 방식을 선택했다. 그리고 전체적으로 화이트 톤의 환경에 사이니지를 빨간색으로 표기하고 화살표와 글자를 큼직하게 함으로써 눈에 확 뜨이도록 만들었다.

또한 환자가 동선 구조를 보다 명확하고 쉽게 알 수 있도록 안내표식에 의미를 부여했다. 예를 들면 화살표의 길이를 목적지까지 남은 거리에 비례하게 디자인해 환자가 남은 거리를 예상할 수 있도록 했다. 또 환자 동선의 교차점에 십자 모양을 활용해서 환자들이 더 쉽게 목적지에 도달할 수 있게 배려했다. 하라켄야는 디자인뿐만 아니라 이 표식을 어떻게 설치해야 하는지도 고민했다. 건물 바닥의 화살표와 글자들이 조금씩 벗겨지거나 더러워져서 알아볼 수 없을까 봐 접착 시트도 아니고 페인트도 아닌, 바닥에 글자를 새겨 넣는 상감 기법으로 디자인했다. 우리나라에서는 충남대학교 병원이 이러한 개념을 도입해서 바닥 넛지, 안내도웨이파인딩, 그리고 내부 사인물안내판등의 서비스 디자인을 사용자 중심으로 제작했다.

과거에는 공급자의 제품 중심으로 산업에 접근했다. 이는 기능 개선 관점으로 개발, 생산, 공급 등의 활동이 더 높은 효율을 가지도록 가격을 낮추고 비용을 절감해 대량 생산을 유도한다. 제품 중심적 사고는 개별 역할을 나누어 강조하므로 효율성이라는 분명한 장점을 가지고 있다. 반면에 각자 맡은 범위의 일만 잘 처리하면 되므로 전체 흐름은 누구도 바라보지 않게 된다.

그러면 고객과 사용자 중심의 관점은 어떨까? 단순한 기술 개선과 결합이 아닌 고객의 총체적 경험을 새롭게 할 수 있는 관점이 중요하게 다뤄진다. 이유는 간단하다. 더는 기술 우위의 제품 중심적 사고로는 경쟁에서 주도권을 잡을 수 없기 때문이다. 이것이 서비스 디자인 씽킹의 개념으로 병원의 서비스 디자인은 사용자 중심의 사고 방식이 핵심이 되어야 한다.

## 환자...당신의 이름은? - 고객 데이터 활용

인스타그램에 올라온 이야기로 한 한국인 여행객이 파리에 있는 호텔을 이용하게 되었다. 체크인을 위해 호텔에 도착하니 정문에 있는 직원이 얼굴을 보자마자 '○○씨 되십니까?'하고 묻더라는 것이다. 이뿐만 아니라 호텔 안의 어느 레스토랑이나 편의시설을 가더라도 접객을 담당하는 매니저급 직원 1명은 꼭 이름을 알고 먼저 불러주고, 공용 공간에 상주하는 직원들 역시 이 여행객을 마주칠 때마다 이름을 부르며 환대해 주었다고 한다. 호텔 측에서 어떻게 내 얼굴과 이름을 알고 있었을까를 여행객이 곰곰이 생각해 보니 예약 시, 원활한 체크인을 위해 여권 사본과 고객의 체격 정보를 알려달라는 호텔 측의 요청으로 그것을 이메일로 미리 보냈는데 아마도 여권 사본을 통해 자신의 이름과 얼굴을 미리 익혔을 것이란 짐작이 들었다. 아무리 그래도 그날 체크인하는 모든 고객의 정보를 직원들이 외우고 있다는 것은 너무나 놀라운 일이 아닐 수 없다. 호텔 측에서는 사전에 보낸 체격 정보를 바탕으로 맞춤형 사이즈의 목욕 가운까지 준비해 놓았다고 한다. 바로 파리에 있는 호텔 드 크리용Hotel de Crillon의 이야기이다.

이처럼 개인화된, 사용자 친화적인 서비스를 하려면 무엇보다도 고객 데이터가 있어야 한다. 또한 그 데이터를 통해 소비자를 어떻게 감동시킬 것인가에 대한 창의적인 아이디어가 필요하다. 핵심은 데이터 활용이다. 즉 '무엇을' 재료로 하는가보다 중요한 것은 그 데이터재료를 '어떻게' 쓰는가이다.

구글 코리아 조용민 실장의 경험담을 유튜브에서 들은 적이 있다. 그는 개인적으로 미국 로스앤젤레스에 출장을 갈 때는 꼭 페닌슐라호텔에서 묵는다고 한다. 처음 호텔에 갔을 때, 체크인을 하고 방에 들어갔더니 베개에 자기 이름 이니셜이 새겨져 있더란다. 바늘과 실만으로 고객을 감동시켜서 재구매재방문 의사를 촉진한 것이다. 고객 감동을 위해 작게라도 활용할 수 있는 것이 무엇이 있는지, 이를 통해 어떻게 고객에게 감동을 줄 수 있는지를 호텔 측은 명확히 알고 있었던 것이다.

전통적으로 고객 데이터를 통해 최고의 고객 만족도를 구현해오고 있는 기업은 리츠칼튼이다. 어떤 사람이 미국 출장길에 샌프란시스코의 리츠칼튼에서 하루를 묵은 적이 있다. 그는 서양식의 푹신한 베개가 싫어서 프런트에 전화를 걸어 좀 딱딱한 베개를 갖다 달라고 요청했다. 어디서 구해왔는지 호텔 측은 딱딱한 베개를 구해왔고 덕분에 푹 잘 수 있었다고 한다. 다음날 현지 업무를 마치고 다음 목적지인 뉴욕으로 가서 우연히 다시 리츠칼튼에 묵게 되었다. 아무 생각 없이 방 안에 들어간 그는 깜짝 놀랐다. 침대 위에 전날 밤 베던 것과 같은 딱딱한 베개가 놓여 있는 게 아닌가. 어떻게 뉴욕의 호텔이 자신의 기호를 알았는지 그저 놀라울 따름이었다.

매뉴얼에 나와 있는 표준화된 서비스를 기초로 하되 여기서 한 발 더 나아가 리츠칼튼처럼 고객 한 사람 한 사람을 세심하게 배려하여 돈독한 관계를 만들어가는 맞춤형 서비스가 바로 서비스의 두 번째 계단이다. 기업이나 병원의 서비스는 제품과 서비스를 판매하기 위한 한 번의 이벤트가 아니라 특별한 '관계'와 이어지는 '인연'을 소중히 하는 것이다.

방문할 때마다 번번이 성함이 어떻게 되느냐, 전에 내원한 적 있느냐고 묻는 병원들이 있다. 무표정한 얼굴로 대기 시간이나 진료 가능 여부를 기계처럼 읊어대는 경우도 많다.

많은 병원들 가운데 내게 가장 인상적인 곳을 꼽으라고 한다면 처음 방문했을 때를 제외하고는 나에게 이름을 먼저 물어본 적이 없는 닥터베이직클리닉이다. 예약한 경우는 '2시 예약하신 ○○님이시죠?'라며 먼저 묻고, 예약하지 않은 경우에는 '○○님이시죠? 오늘은 어떤 진료 때문에 내원하셨어요?'라고 먼저 물어보는 것이다.

또 MJ피부과의 경우는 관리실을 모두 1인실로 인테리어 하여 호텔처럼 웰컴 카드를 준비해 베드 위에 올려놓음으로써 환자가 방문할 때마다 특별한 환영의 경험을 선사하고 있다.

총괄실장으로 근무하면서 직원들과 함께 반드시 진행했던 두 가지 업무는 바로 아침 조회와 예약 리스트 리뷰이다. 업무 마감

시간이 다가오면 다음 날 최종 예약 리스트를 출력해 코디네이터들과 예약 환자들을 쭉 리뷰하였다. 고객 요청 사항이나 예의주시해야 하는 경우, 혹은 컴플레인했던 환자까지 전 직원이 알아 두어야 할 사항을 미리 점검하고 체크하는 것이다. 각 부서에서도 환자와 관련된 특별한 사항이 있는 경우에는 다음날 출근해서 아침 조회시간에 전 직원들과 내원하는 고객에 대한 정보를 나눈다. 예를 들면 A 환자는 관리 시 마지막 마스크를 한 후 목베개를 꼭 해드려야 한다든지, B 환자는 여드름 압출 시 눈에 안대를 해드려야 하는 것, C 환자는 지난 예약 시 시술이 늦어져 컴플레인이 있었던 상황이라 내원 시 더 신경 써서 진료와 후 처치의 흐름이 막힘 없이 흘러가도록 해야 하는 것 등이다.

가장 중요한 것은 환자의 얼굴을 기억하는 것이었는데, 특징적인 것들을 잘 메모하여 이름과 얼굴을 매칭시켜 상기할 수 있도록 노력하였다. 그 결과, '여기는 올 때마다 직원들이 얼굴만 보면 이름을 알고 있는 게 참 신기해.'라는 환자들의 기분 좋은 칭찬도 많이 받았다.

수년간 다닌 단골 고객에게도 '성함이 어떻게 되세요, 전에 오신 적 있나요?'라는 형식적이고 습관적인 질문들을 입에 달고 있지는 않은지 현재의 서비스 상황을 잘 살펴봐야 할 필요성이 있다.

고객 커뮤니케이션 전략에서 주의를 끌기 위해서는 이름을 자주 사용해서 메시지를 전달하는 것이 좋다. 영국에서 했던 한 실험에 따르면 진찰 예약을 확인하는 SMS에서 환자의 이름을 표기하면 그렇지 않은 경우에 비해 예약 불이행률이 57퍼센트 정도 낮아지는 것으로 나타났다.

## 결정적 순간 자체가 서비스다

고객과의 상담 내용이 예민한 곳 중 하나가 은행일 것이다. 지금까지 은행은 업무 공간을 고객에게 매력적으로 보이도록 포장하는 데 서툴렀다. 상품 홍보물로 뒤덮인 폐쇄적인 출입구와 기능적이고 사무적인 분위기의 공간이 주는 답답함, 안락하지 않은 대기 경험, 상담 프라이버시가 충분히 확보되지 않을 것 같은 공간 구조 등으로 고객들은 방문의 목적만 달성하면 재빨리 빠져나와야 할 공간으로 인식했다. 은행 내부적으로도 영업점을 마케팅의 최접점으로 이해하고 있긴 했지만, 공간 기획은 대부분 시설 관점에서 이뤄졌다. 이런 니즈에 대한 개선 작업으로 하나은행의 새로운 'SIStore Identity' 작업은 모범적인 사례로 꼽을 수 있다. 영업점 공간을 단순히 시설로서가 아니라 고객의 민감한 상담 프라이버시를 보장하는 관점으로 설계했기 때문이다. 은행은 옆 창구와의 거리, 상담창구와 대기 좌석과의 거리가 사회적 거리 이상을 확보토록 설계한 결과, 영업점을 방문한 고객 만족도는 30%에서 80%로 크게 늘었다. 은행 간 공간에 별 차이가 없다고 반응하던 고객들은 이제 하나은행의 새로운 'SI'가 타 은행과는 확실히 차별된다고 인지하고 있는 것으로 나타났다.

그러나 은행과 견줄 수 없을 정도로 예민한 곳이 바로 병원이다.

'결혼하셨나요?', '성경험이 있나요?', '생리는 언제 하셨어요?'

산부인과에서 진료할 때면 자주 들을 수 있는 말이다. 임신, 출산 혹은 다른 여러 검사를 위해 여성들은 산부인과를 찾는다. 더욱이 처음 방문하는 여성이라면 두 번째의 질문처럼 더 자세한 신체와 관련된 사항을 미리 알려야 한다. 산부인과는 여성만 진료를 받는 곳이지만 여성만 방문하는 곳은 아니다. 보호자가 남성인 경우도 많다.

여성들은 결혼 후에도 마찬가지지만 결혼 전에는 더더욱 산부인과를 가는 것조차 어지간한 용기를 내지 않으면 쉽지 않다. 여의사가 진료한다는 커다란 간판을 보고 산부인과에 방문했다가 데스크 직원의 아주 크고도 명랑한 목소리 때문에 곤욕을 치르는 경우도 있다. 밝게 웃으며 크게 인사하는 것까지는 좋다. 하지만 개인적이고 민감한 질문들을 데스크에서 아무렇지 않게 큰소리로 물으며 접수를 진행한다면, 대기실에 보호자로 보이는 몇몇 남성들이 보여 뒤통수가 따가운 것은 물론이고 얼굴이 붉어져 그대로 문을 열고 병원을 나가고 싶은 것이다.

약국에서 한 여성이 정신건강의학과 진료 후 약을 처방받는 과정에서 있었던 일이다. '수면제는', '공황장애 약은 7개월치고' 하면서 큰소리로 설명하는 약사에게 그 여성이 작게 얘기해달라고 했으나 아랑곳하지 않고 계속 큰소리로 설명하는 약사를 본 적이 있다. 주변이 신경 쓰였는지 환자가 굉장히 당황하고 얼굴을 붉혔던 모습이 기억난다.

　이와 반대로 서울역에 위치한 '차여성병원'은 접수와 수납이 '프라이빗'하기로 유명한 곳이다. 난임치료 기술로 유명한 차여성병원의 원무과는 원통형으로 직원과 환자가 마치 상담실에서 조용히 상담하듯 배치되어 있다. 진료실에서의 진료 내용을 재차 확인하고 그와 관련된 비용을 설명하는 것이기에 개인의 프라이버시를 존중하기 위해서 이렇게 공간을 배치했다고 한다.

　환자가 병원을 선택하는 요소는 여러 가지가 있을 것이다. 병원장이 진료를 잘해서 아픈 곳이 치료가 잘 되었다고 해서만 선택하지 않는다. 건물의 위치에서부터 주차의 편리 유무, 그리고 접수에서부터 진료실에 이르기까지 만나게 되는 직원들의 안내 자세, 태도, 표정 등 수 많은 접점에서 경험하게 되는 일련의 서비스를 통해 선택하게 된다. 어떤 마음으로 일하는가에 대한 생각과 태도는 행동으로 나오며 이로 인해 서비스의 질과 만족도도 모두 달라진다. 반복되는 업무로 아무 생각 없이 던지는 말 한마디가 병원을 선택하지 않는 결정적인 이유가 되어서는 안 된다. 의료 서비스 종사자들은 매 순간 환자와 만나는 모든 접점이 중요함을 기억해야 한다.

　근무 중 마시려고 뜯은 믹스 커피 가루를 병원 바닥에 쏟은 직원이 티슈로 닦을 생각은 하지 않고 환자가 보는 앞에서 슬리퍼로 테이블 밑으로 쓱쓱 밀어 넣는 모습은 위생과 청결뿐만 아니라 환자에게도 대충대충 하지 않을까 하는 인상을 주기에 충분하다. 실제로 고가의 시술을 위해 압구정동의 한 피부과를 방문했다가 이런 직원들의 태도에 깜짝 놀라 시술을 취소하고 나온 적이 있다. 저런 사소한 것 하나도 누가 보든지 상관치 않고 행동하는 직원이라면 의료용 기구들을 과연 깨끗이 소독하며 사용하고 있을까라는 의심이 들었기 때문이다.

## 맥도날드의 쇼 비즈니스, QSCV

이제 병원은 치료는 기본이고 환자의 경험을 관리하기 위한 의료 비즈니스 쇼show를 펼쳐야 한다. 맥도날드의 창업자인 레이 크록Ray Kroc이 이를 잘 말해주고 있다.

맥도널드의 역사는 1954년, 레이 크록이 53세 때 캘리포니아에 맥도널드 프랜차이즈 1호점을 개점하면서 시작했다. 맥도널드의 또 다른 브랜드 콘셉트는 햄버거를 파는 비즈니스가 아니라 쇼 비즈니스라는 것이다. 크록은 72세에 은퇴했는데, 당시 미국 전역의 맥도널드 매장은 6,000개가 넘었다. 그는 은퇴 후 시간 날 때마다 각 매장들을 돌아다니며 직원들을 격려하는 일을 취미로 삼았다. 그가 매장을 방문할 때 직원들에게 꼭 강조하는 말이 있었다. "잊지 마세요. 우리는 '햄버거 비즈니스'를 하는 게 아닙니다. 우리는 '쇼 비즈니스'를 하고 있습니다.Remember, we are not in hamberger business, We are in show business."라는 말이었다. 그가 말하는 '쇼 비즈니스'란 맥도널드의 콘셉트인 'QSCV'를 분명하게 보여주라show는 뜻이었다.

여기서 Q는 '빨리Quick'를 말한다. 패스트푸드점이니 빠른 서비스가 당연하겠지만, 실제로 몇 초 빨리 서비스했느냐가 중요한 것이 아니라 빨리 갖다 주는 것처럼 고객에게 보여주라는 말이다. S는 '서비스Service'다. 단순히 좋은 서비스가 아니라 큰 소리로 인사하는 등 확실하게 대접받는 느낌을 주라는 말이다. C는 '깨끗이Clean'이다. 음식점 탁자 위는 다른 식당도 대부분 깨끗하다. 그런데 맥도널드는 테이블 아래까지 깨끗해야 한다는 것이다. 앉아 있을 때 바지에 더러운 게 묻을 수 있으니까 말이다. 화장실은 특히 깨끗해야 한다. 그래야 보이지 않는 주방도 깨끗하다고 여길 테니까. V는 '가치Value'다. 미국 국민의 브랜드인 맥도널드는 결코 경쟁사보다 비싸게 판매하지 않는다. 하지만 저렴한 티를 내지 않으려고 노력한다. 예를 들면 햄버거를 아무 종이에나 싸주지 않고 맥도널드 심벌이 인쇄된 깨끗한 기름종이로 포장해 준다. 내가 먹는 햄버거가 가격 대비 가치가 있다고 느끼게 해주는 것이다.

크록은 햄버거 비즈니스를 '맛의 경쟁'이 아니라 'QSCV'라는 네 가지 쇼를 통해 고객들에게 맥도널드의 '콘셉트를 보여주라'

고 강조한 것이다. 그렇다면 여러분 병원의 비즈니스도 '결정적 순간MOT'을 관리하는 쇼 비즈니스로 정의하고 세심하게 구석구석을 살펴야 한다.

서비스를 향상하는 것은 매우 어렵고 또한 종이 한 장 한 장을 올리듯이 더디고 긴 시간이 걸리지만 무너지는 것은 한순간이고 찰나이다. 아주 사소해 보이는 한 두 가지의 잘못이 고객을 짜증 나게 하고 고객의 발걸음을 돌리게 하며 주변에 악소문을 내는 원인이 되기도 한다. 그래서 서비스는 '100-1=99'가 아니라 '100-1=0'인 것이다.

# 고객감동경험 접점 전략

## 서비스 경험 고객만족도 조사

필자가 몇 달 전 이사했을 때 겪은 일이다. 가구와 가전이 한날 모두 들어오게 되어 아침부터 안방에 대형옷장, 인터넷, 각종 가전과 정수기 설치 등을 위해 모두 일곱 번에 걸쳐서 시간대별로 기사들이 방문하게 되었다.

먼저 도착한 옷장 설치 기사는 위치 선정에 대해 "원하는 대로 해주겠지만 이쁘지는 않을 것"이라며 무표정한 얼굴로 설치를 시작했고, 인터넷 기사는 공유기 위치 문제로 고민하는 내게 "그

건 알아서 결정하시고 결정하신 것만 말씀 주세요. 그건 제가 몰라요."라고 말했다. 또 정수기 위치 때문에 싱크대 대리석 상판 위에 구멍을 뚫고 선을 연결해야 하는데 위치를 물어보니 "알아서 결정하세요."란다. 기사들의 냉랭함과 퉁명스러움에 기가 죽은 느낌마저 들기 시작했을 때 전자레인지와 식기세척기 설치 기사가 방문했다. 그런데 이 기사분은 앞선 분들과 달랐다. 고객님의 삶을 윤택하게 해줄 식기세척기 사용방법을 알려드리겠다며 설명을 해주는데 유쾌하고 친절한 설명에 오전 내내 불쾌했던 마음이 조금씩 누그러들었다. 그 이후에 온 세 명의 기사들도 뾰로통한 태도였다.

설치 이후에 방문 기사에 대한 서비스 만족도를 체크하는 문자가 오기 시작했다. 식기세척기 기사에 대해서는 어떤 점이 좋았다는 것과 칭찬해주고 싶은 말을 가득 적었지만, 나머지 기사들에 대해서는 모두 매우 불만족을 주고 싶은 정도였다. 그러나 마음 한편에서는 기사들이 내 점수로 혹여나 인사고과에 불이익을 받으면 어쩌나, 열심히 이동하며 사는 분들인데 일에 지장을 주면 어쩌지? 하는 고민이 생기기도 했다. 하지만 계속 지금과 같은 모습으로 다른 고객에게 서비스한다면, 본인의 현재의 모습에 변화가 필요하다는 것을 전혀 인지하지 못한 채 응대를 하다가 결국은 더 최악의 평가를 받을 수도 있을 것이다. 현재의 모습을 되돌아보고 점검할 수 있는 계기를 주는 것이 서비스직 종사자로서 그들의 롱런을 위해서 필요하지 않을까 하는 생각도 들었다.

전자제품 대리점에서 제품을 사거나 A/S를 받았을 때, 직원이나 기사로부터 "사용하시는데 불편한 점은 없으셨어요? 무슨 문제 있으면 연락 주십시오. 그리고 오늘 ○○전자에서 전화가 갈 거예요. '매우 만족'으로 꼭 부탁드리겠습니다."라는 말을 자주 듣는다.

고객만족도를 측정하는 취지는 고객의 목소리를 직접 듣고 그에 따라 더 좋은 제품을 만들고 서비스를 제공하기 위함일 것이다. 하지만 이 제도는 이와 같은 운영으로 본래의 취지가 상당히 퇴색되었고 심하게 말하면 유명무실한 제도로 바뀌었다. 설사 고객만족도 조사가 고객의 객관적인 의견을 듣는 것이 아니라 대리점이나 A/S 기사의 서비스 수준을 평가하기 위한 목적이라고 하더라도 평가 결과를 믿을 수도 없는 것이기에 역시 유명무실한 제도이다. 다만 A/S 기사가 '매우 만족'으로 부탁하기 위해서는 사전에 상당한 친절을 베풀어야 하기에 그 효과 자체는 의미가 있을 수도 있다.

병원에서도 이와 유사한 일들이 자주 일어나고 있다. '고객만족도 결과'를 지표로 만들어 실적을 비교하다 보니 '고객만족도를 향상시키기 위한 조사'라기 보다는 의사, 병동, 진료과 등을 평가하기 위한 수단으로 전락해 버리는 경우가 많아졌다. 88.8점과 86.9점은 도대체 환자 입장에서 어떤 차이가 있는 것일까?

몇 점 차이로 어떤 이는 1등을 하고 어떤 이는 20등을 한다. 이 것은 어떤 의미일까?

여기에 대한 대답으로 싱가폴 창이국제공항의 'IFSInstant Feedback System'를 참고할만하다. 화장실, 체크인, 안내소 등과 같이 고객에게 중요한 접점Touch Point마다 터치스크린 장비를 설치하여 서비스 수준을 바로 평가하는 시스템이다. 화면은 Excellent － good － average － poor － very poor를 상징하는 5개의 Smile Face로 매우 단순하게 구성되어 있다. 체크인, 안내소 등에서는 서비스가 끝나자마자 그리고 화장실에서는 나오면서 한 번의 터치만으로 누구나 쉽게 평가할 수 있도록 했다. 이 시스템을 도입한 후 자발적으로 만족도 조사에 참여한 사람의 수가 기존의 방식종이로 된 조사지, 이메일, 키오스크 등보다 195배 증가했다고 한다.

독자 여러분은 이러한 즉각적인 터치스크린 시스템의 고객만족도 조사를 어떻게 생각하는지 궁금하다. 이 시스템의 장점은 무엇보다도 즉각적으로 대응할 수 있다는 점이다. 실제 창이국제공항의 화장실에서 'very poor'를 누르면 얼마 되지 않아 청소부와 관리자가 황급히 뛰어온다. 그리고 화장실 구석구석을 살피기 시작한다. 신속히 해결하여 두 번째 불만 고객이 생기지 않도록 하는 것이 가장 큰 목적이기 때문이다. 불만은 지금 발생했는데, 기존과 같은 조사 방식으로 파악하고 한 달 후에 혹은 6

개월 뒤에 해결하는 것은 수많은 불만 고객을 양산하는 것이기 때문이다. 그래서 시스템으로 구축하고 모니터링을 하고 있다가 'very poor' 불이 들어오면 모두가 거기에 집중하여 단시간 내에 해결하는 것이다.

창이국제공항의 'IFS'는 직원이나 용역직원을 평가하기 위해서도 사용되고 있을 것이다. 그렇지만 중요한 것은 이 제도가 고객이 불만을 표현했을 때 즉각적으로 해결하려는 목적으로도 사용된다는 것이다.

싱가폴 창이국제공항 터치스크린

## 친절보다 문제해결을 – 사전접점관리 ZMOT

  누워서 핸드폰을 보다가 실수로 핸드폰을 앞니에 떨어뜨려 살짝 실금이 갔다. 집 근처의 치과를 검색하다가 개원한 지 얼마 되지 않은 한 치과가 눈에 뜨이기에 네이버 영수증 후기들을 쭉 살펴보니 병원장과 직원들이 너무 친절하고 과잉 진료를 하지 않아 좋다는 칭찬 후기가 올라와 있었다. 병원을 방문하자 너무 깨끗하고 병원장의 약력도 믿음이 가고 직원들도 친절해 설레기까지 했다. 병원장은 다행히 앞니는 미세한 실금이라 다른 치료는 필요하지 않으나 다른 쪽은 상담을 좀 받는 게 좋겠다고 안내했다. 상담실장이 와서 말하길 오래전에 왼쪽 어금니에 해놓은 인레이inlay가 깨져있다며 다시 하는 것이 좋겠다고 하여 잠깐의 고민 끝에 시술을 받기로 했다. 상담실장은 주사 마취 전에 왼쪽 어금니에 마취 연고를 발라주었다.

  그런데 이후에 병원장이 와서 왼쪽이 아닌 오른쪽 어금니에 마취 주사를 놓는 것이 아닌가. 너무 놀라서 손을 번쩍 들고 이야기를 하였다. '왼쪽 아니에요?' 했더니 병원장이 아무렇지 않게 '오른쪽인데요.'라고 하였다. 그래서 '상담실장이 마취 연고를 왼쪽에 바르고 갔다'고 말하자, 놀란 원장이 다시 차트를 확인하더니 '오른쪽이 맞는데요? 오른쪽이에요.' 하면서 사진을 다시 보여줬다. 어쨌거나 오른쪽을 치료하는데 머릿속에 내내 후회가 밀려오기 시작했다. 친절한 직원들의 응대에 기분이 좋은 나머지 왜 더 알아보지도 않고 덜컥 시술받겠다고 했을까부터 아까 그 실장을 비롯해서 왜 직원들과 병원장은 마취 연고를 잘못 바르고 설명을 잘못한 부분을 사과하지 않을까 등등 누워서 치료받는 동안 많은 생각이 들었다. 시술이 끝나고 직원들이 '치료받으시느라 아프지 않았느냐, 고생 많으셨다'고 이야기하는 것이 하나도 귀에 들어오지 않았다. 마취 연고를 잘못 바른 상담실장이 오더니 고생 많으셨다면서, '아까는 뭐' 하며 눈을 찡긋하며 웃는데 갑자기 뭔가 모를 불쾌함이 올라왔다. 마취 연고 잘못 발라서 놀라지 않았느냐 착각하게 해서 죄송하다 정도의 말은 해줄 것이라고 기대했는데, 무조건 친절하게 웃기만 하면 다 해결이 되는 것인가? 직원들이 나에게 웃으며 베푸는 친절한 응대가 친절이 아니라 말장난인가 하는 생각이 들었다. 마음속으로 다시 안 올 곳이라 생각하고 결제를 할 때쯤 직원이 다시 말을 건넸다. 영수증 리뷰 후기를 남겨달라고 하면서 선물로 칫솔, 치약 세트를 주었다.

어떻게 후기를 남겨야 하는지 고민을 했다. 내가 남긴 후기가 앞으로 이 병원을 찾을 다른 환자들의 판단 자료가 될 수 있기 때문이다. 또한 인터넷 영수증 후기 란에 영구적으로 남을 내용이기에 아무 말이나 대충 적을 수 없었다.

오늘 저녁 친구들과 음식점에 간다면 미리 하는 것이 맛집 검색이다. 그러고는 솔직하고 거짓 없는 리뷰라고 생각되는 것만

가려서 읽어본다. 김치냉장고나 대형 TV를 사려고 한다면 이것 또한 검색을 거친다. 요즘 시대에 가장 큰 '사전 접점'의 공간은 인터넷이다. '사전 접점'은 온라인이나 오프라인상으로 이루어지는 사전 탐색 단계를 말한다. 이를 구글은 'ZMOT Zero Moment of Truth'이라 명명했는데, 구글이 설명한 'ZMOT'는 고객이 상품을 접하는 1단계 이전에 온라인에서 정보를 탐색하는 단계로서 고객에게 탁월한 경험을 제공함으로써 형성된 가치라 할 수 있다. 실제로 온라인 쇼핑몰이나 식당, 병원에서 리뷰, 구매자 수, 평점 등의 'ZMOT'는 타인의 구매 전환율을 높이는 데 중요한 역할을 한다.

누군가가 자기의 시간과 수고를 들여 기업의 서비스에 대한 의견을 제시한다면 이보다 좋은 고객의 소리는 없으며 이는 곧 기업의 자산이 될 것이다. 또한 불만을 표출하는 고객 중 대가를 바라지 않고 서비스 개선에 대한 도움을 주기 위해 피드백을 하는 경우는 더더욱 흘려듣지 않고 개선을 위해 노력해야 한다.

고객의 의견을 적극적으로 수렴하고, 지나치지 않고 표현을 해준 부분에 대한 감사 표현, 그리고 피드백 부분이 개선되면 분명히 기업에 대한 고객의 애정도가 더욱 상승할 것이다. 고객의 의견을 흘려듣지 않고 개선하기 위해 노력하고, 그 부분을 지적한 고객을 기억했다가 감사함을 표현한다면 아주 훌륭한 '고객경험 관리'가 될 것이다.

이러한 고객의 소리를 통해서 서비스 수준을 체크하고 새로운 서비스를 창출한다면, 이것이 병원의 성장과 발전, 그리고 충성고객 확보에 큰 영향을 끼칠 것이다.

그렇다면 다른 사람들이 많이 보고 있는 네이버 영수증 후기나 평점은 어떻게 적어야 할까? 전자제품 A/S 기사들에 대해 평가할 때처럼 고민하게 되었다. 앞의 치과가 서비스가 엉망진창인 형편없는 곳은 아니다. 우연히 필자에게만 착오가 발생했던 것일지도 모른다. 또는 서비스에 대한 기대치가 남들보다 필자가 월등하게 높은 것일지도 모른다. 나의 후기가 얼마 전의 나처럼 많은 기대와 믿음으로 이 병원을 방문하는 환자에게 조금이나 도움이 되었으면 하는 바람이라면 어떻게 적는 것이 바른 것일까 생각한다. 공개적인 리뷰는 아직 그곳의 서비스를 경험해 보지 않은 많은 잠재고객에게 큰 영향을 끼칠 것이기 때문이다.

그렇기에 병원은 고객의 사전 접점의 수단이 되는 모든 소통통로를 항상 주의 깊게 관찰하고 관리하여야 하며 영수증 후기의 고객의 목소리에도 귀를 기울여 서비스 품질 개선에 노력을 기울여야 한다.

## 사후 접점의 전략 토크 트리거

 필자의 단골 치과는 서울 강서구의 '서울미담치과'라는 곳이
다. 병원명처럼 이곳은 주위 사람들에게 미담이 넘쳐나는 곳으
로 엘리베이터가 없는 건물 3층에 위치해 있어 다리가 불편하거
나 거동이 불편한 환자들은 치료받기가 쉬운 곳이 아니다. 게다
가 필자의 어머니는 파킨슨병으로 순간순간 몸이 흔들리거나 입
을 떠는 경우가 많아 치과에서 치료하기 어려운 환자 가운데 하
나다. 그럼에도 불구하고 이곳이 어머니의 오랜 단골 치과였던
이유는 여러 가지가 있다.

 첫째로 병원을 오르락내리락해야 하는 불편함 속에서도 어머
니가 치료를 받는 동안 입을 거의 떨지 않을 수 있었던 심리적 안
정에 주목하고 싶다. 이곳의 직원들 모두가 환자가 치료를 받는
동안 따뜻하고 인상적인 경험을 받을 수 있도록 환자를 세심히
관찰한다는 것이다. 불편한 몸으로 이동하느라 시간이 지체되면
재촉하거나 짜증을 내는 병원의 경우도 많이 봐 왔다. 그러나 이
치과에서는 항상 어머니를 먼저 배려하고 물 한 잔 가져다주며,
'천천히 숨을 고르시고 준비되시면 말씀해달라'는 이야기를 빼
놓지 않는다. 늘 나를 배려해주고 기다려주는 느낌 덕분에 조급
해지지 않으니 항상 편한 마음으로 체어까지 걸어갈 수 있었던
것이다.

둘째로 진료 과정에 대한 병원장과 직원들의 자세한 설명이었다. 대부분 초록색 수술포를 얼굴에 덮은 상태로 시술이 진행되기에 환자가 굉장히 불안할 수 있다. 도대체 어떤 치료를 지금 진행하고 있는지, 왜 필요한지, 시간은 얼마나 걸리는지 말해주지 않으니 답답하고 불안하기 마련이다. 그러나 이 병원에는 환자가 불안함을 느끼지 않도록 하기 위한 병원장과 직원들의 '스몰 토크'가 존재했다. '이가 시릴 수 있는데 불편하면 손을 들어주세요.', '아주 어려운 것을 잘 참으셨어요.', '어머님 많이 힘드셨죠? 너무 고생하셨어요.' 등과 같은 말로 환자를 안심시켜 주었다.

셋째로 어머니가 치료 계획을 세울 때마다 시간과 날짜를 배려해 편의를 봐주었다. '우리 병원의 시스템에 맞추어라'가 아니라 배려와 조율을 통해 불편한 몸으로 이곳까지 내원함에 감사함을 전달하는 직원들의 배려는 감동적일 수밖에 없었다.

마케팅에서 전통적인 광고와 디지털 광고 등 유료 광고의 효과는 갈수록 떨어지고 있다. 요즘과 같은 초연결 사회에서 그 대안으로 입소문 마케팅이 중요하다는 건 누구나 알고 있다. 이런 입소문이 중요한 이유는 추천하는 사람이 추천받는 사람의 니즈에 딱 맞게 추천하기 때문이다. 말하자면 개인 맞춤형 마케팅인 셈이다. 무엇보다도 추천에 대한 대가가 없는 독립적인 활동이기 때문에 추천에 신뢰도가 아주 높다. 하지만 입소문을 내기는 생각보다 어렵다. 입소문은 돈으로 바꿀 수 있는 게 아니다. 입소문을 만들고 조장하고 촉진할 수 있지만 돈으로 살 수는 없다.

그렇다면 어떤 이야기가 입소문을 일으킬까? 제이 배어와 다니엘 레민이 쓴 『토크 트리거』라는 책은 단어 그대로 '입소문의 방아쇠를 당겨라'라는 의미로 책은 '똑같은 것, 조금 더 나은 것 정도는 지루할 뿐'이라고 지적한다. 어떻게 차별화될지, 어떻게 독특해질지를 고민하라는 이야기다. '서울미담치과'는 다른 치과와 어떻게 다른지가 고객들의 칭찬 글에 잘 드러나 있다.

고객 서비스에서 가장 중요한 일은 고객 접점에서 결정적 순간을 분류하고 'MOT 서비스 사이클'을 파악하여 효과적으로 접점별 응대 방법을 찾는 것이다. 고객 접점의 모든 직원은 고객과의 '결정적 순간', 그 자체뿐만 아니라 결정적 순간에 발생하는 영향력의 크기를 알고, 이에 대한 응대 방법을 공부할 필요가 있다.

'병원도 멋진 추억의 장소가 될 수 있습니다.' 미국의 어느 병원 로비에 쓰여 있는 문장이다. 병원의 철학과 비즈니스의 본질을 고스란히 담고 있는 표현이라 하겠다. 원래 병원hospital과 호텔hotel은 둘 다 호스트host에서 유래된 말이다. 호스트는 손님을 접대하는 주인이다. 그러니 호텔은 집 떠난 사람을 보살펴주는 곳이고, 병원은 아픈 사람을 보살펴주는 곳이다. 말이 뜻하는 것처럼 정성스레 보살펴준다면 호텔이건 병원이건 고객이 다시 찾고 싶어 하는 멋진 추억의 장소가 될 것이 분명하다.

실제로 호텔 같은 병원도 있다. 친절함도 호텔을 뺨친다. 주차장에서부터 정성껏 환자를 에스코트하고, 쇼핑과 미용 관리까지 받을 수 있는 병원, 병실에 누워 룸서비스로 식사를 할 수 있는 병원이다. 동경에서 버스로 2시간 떨어진 지방 오지에 있는 카메다병원이다. 카메다병원은 일본 병원 업계 최초로 컨시어지 같은 호텔식 서비스를 채택했고, 환자 기록을 디지털화해서 환자와 가족이 언제 어디서나 열람할 수 있게 했다.

병원의 최고급 서비스는 하드웨어적인 병원 장비나 시설 수준으로만 결정되는 것은 아니다. 시설이 화려하다고 5성급 호텔이 되지 않는 것과 마찬가지이다. 최고급 서비스를 원하는 환자에게 다른 병원과는 접점별 차별화된 서비스를 제공하고 환자 개개인을 위한 맞춤 서비스와 배려가 병원의 성공 전략이 되고 있다.

## 클레임 vs 컴플레인, 그리고 티핑 포인트!

고급 레스토랑에 갔다가 직원의 불친절한 응대에 언짢아진 동석한 지인이 점장에게 '기분이 몹시 불쾌했다, 직원 서비스 교육에 신경 써 달라'는 말을 하였다. 이를 들은 점장이 "죄송합니다. 원래 저런 직원이 아닌데, 오늘 개인적으로 기분이 안 좋은 일이 있었나 봅니다."라고 말을 하는 것이다. 이 말을 들은 지인이 "내가 비싼 돈 내고 밥 먹으러 와서 직원 기분까지 이해해 드려야 되나요?"라고 이야기하니, 점장은 "죄송합니다. 그런 뜻이 아닙니다. 대신 추가하신 음식의 값은 받지 않을게요. 기분 푸시길 바랍니다."라고 사과를 했다. 이것이 도화선이 되어 지인은 더욱 화가 났다. 지인은 "저기요, 이거 추가한 음식 몇천 원 안 내려고 이런 말 하는 거 아니거든요."라며 화를 냈다. 지인은 결국 식사를 제대로 하지도 못한 채 화가 난 상태로 계산을 하고 나가려는데 점장은 다시 죄송한 표정으로 "고객님, 말씀드린 것처럼 추가하신 빵값은 결제하지 않았고, 무료 식사권을 드릴 테니 다음에 오셔서 꼭 다시 맛있게 식사해 주셨으면 좋겠습니다."라고 말했다. "나는 다시 여기 오지 않을 것 같으니, 너 가지거나 버리든가 해!"라며 지인은 나에게 무료 식사권을 건넸다.

「소비자가 분노하는 과정에 대한 체계적인 분석과 대응전략경영학술지 캘리포니아 매니지먼트 리뷰, 2000」에 의하면 고객의 분노는 일순간의 강렬한 경험이 아니라 반복적인 사건 때문에 발생하며 반드시 여러 개의 사건을 거치며 상승 패턴을 보인다는 것이다. 또한 분노가 폭발하게 되는 가장 큰 원인은 불만 사항 그 자체보다 일련의 처리 과정 때문이라고 하였다.

서비스 업계에 몸담고 있는 종사자라면 불만을 토로하는 고객의 클레임과 컴플레인을 구별할 줄 아는 능력이 필요하다. 고객은 무조건 공짜로 무언가를 얻어내기 위해 큰 소리를 내는 것이 아니기 때문이다. 제품의 문제로 인해 피해 사실이 명확하고 교환, 환불, 보상 등의 응대가 필요하며 제도, 정책 등에 근거하여 금전, 물질적인 보상이 수반되어야 하는 객관적인 행위는 클레임이라고 한다. 그러나 이를 해결하는 과정에서 발생하는 고객의 감정적인 반응 및 잘못된 사실에 대해 진정성 있는 사과와 대안 제시, 개선 약속을 해야 하는 서비스적이고 주관적인 것이 필요한 행위는 컴플레인이다.

지인은 클레임을 한 것이 아니라 응대 과정에서 상한 감정 때문에 컴플레인을 한 것이다. 그렇다면 응대 방법은 생각보다 아주 간단하다고 할 수 있었다. 우리가 많이 배운 경청, 공감, 사과, 개선 의지, 대안 제시 등이 바로 그것들이다. 그러나 점장은 안타깝게도 클레임과 컴플레인을 구별하지 못한 것 같다. 경청하면서도 '원래 저런 직원이 아닌데 오늘 안 좋은 일이 있었나 봐요.'라고 말하는 것은 변명과 핑계이며 고객이 알 필요가 전혀 없는 개인사를 고객에게 이해하라고 말한 것이다. 더욱이 서비스 종사자는 어떠한 상황에서도 개인적인 감정을 겉으로 드러내며 고객을 응대하면 안 된다는 것쯤은 당연히 알고 있어야 한다. '식사하시는 데 불편하게 해드려 죄송합니다.'가 나와야 하며 언짢았을 고객의 마음에 대한 공감과 사과가 먼저여야 하는데 점장은 '대신 추가하신 빵값은 받지 않을게요.'라고 말함으로써 고객이 분노하는 위기 상황을 만든 것이다. 지인은 빵값 몇천 원을 내지 않을 심산으로 컴플레인을 하는 것이 아니었다. 비싼 음식값을 정당하게 느끼게 하는 다른 곳보다 세련된 인테리어, 음식의 맛, 분위기, 그리고 친절한 직원의 응대 때문에 이용한 것인데, 그저 추가된 빵값 내지 않으려는 흔히 말하는 '진상고객'처럼 비춰진 것 같은 느낌에 지인은 불쾌하였고 언성을 높인 것이다.

미국 펜실베니아대학교 내 상경대학인 와튼스쿨과 캐나다의 컨설팅 업체인 베르데 그룹이 공동조사한 「2006 불만 고객 연구보고서」에 따르면, 기업의 서비스를 받은 고객 중 불만을 느낀 고객의 94%는 불만을 제기하지 않으며 단 6%만이 불만을 제기한다고 한다.

불만을 제기하지 않는 94%는 말한다고 한들 해결되지 않을 것 같고, 불쾌한 기억을 끄집어내야 하는 것이 불편하고 무엇보다 가장 큰 이유로 귀찮게 내 시간과 수고를 낭비하고 싶지 않다는 것을 이유로 들었다.

그렇다면 6%의 고객은 어떠한 마음으로 불만을 토로하는 것이며, 서비스직 종사자들은 어떻게 받아들여야 할까? 불만 고객의 목소리는 서비스 실패를 회복하는 기회인 '서비스 회복 프로세스'로 받아들여야 한다.

그리고 또 하나 중요한 것은 지인은 처음에 점장에게 화가 난 것이 아니었음에도 모든 화를 점장에게 쏟아냈다는 것이다.

모든 것이 갑자기 바뀔 수 있는 어느 극적인 순간에 붙여진 이름이 '티핑 포인트Tipping point'라는 것이다. '티핑 포인트'는 '갑자기 뒤집히는 점'이라는 뜻으로 이해할 수 있는데, 이는 노벨경제학상 수상자인 토머스 셸링Thomas Schelling이 논문 「분리의 모델Model of Segregation」에서 사용한 개념으로 우리나라에는 저널리스트 말콤 글래드웰의 저서 『티핑 포인트』를 통해 주목받았다.

때로는 엄청난 변화가 작은 일들에서 시작될 수도 있고 대단히 급속하게 발생할 수 있다는 의미로 사용되는 개념이며 불만 고객에 대한 초기대응이 얼마나 중요한 것인지를 깨닫게 한다.

고객이 불만을 토로하는 이유와 유형에는 여러 가지가 있다. 정당하게 받아야 하는 것을 받지 못한 경우, 기업의 발전을 위해 의견을 제시하는 경우, 응대의 불만으로 상한 기분을 강력하게 표출하는 경우, 기업에 직접적으로 문제를 제기하지 않고 개인 소셜을 이용하여 불만 사항을 사회적으로 확대하는 경우 등 다양하다.

고객은 한 번의 일로 고성을 지르거나 화를 내지 않는다. 여러 가지 불편한 감정들을 단계적으로 만나다가 어느 순간 분노하여 폭발하는 경향을 보이는데, 이 폭발에는 도화선이 되어 불을 당기는 '티핑 포인트'가 있다는 것이다.

　또한 여러 불만을 토로하는 과정에서 '본질'을 파악하지 못하니 '직원'이 문제가 되어 버린 경우가 많다. 그래서 고객은 '화가 난다'에서 '화를 낸다'로 바뀌게 되는 것이다.

　피부과 상담실장으로 근무했을 때, 자칫 컴플레인으로 이어질 수 있었던 사건을 충성고객으로 만든 사례가 있다.

　병원의 피부관리 프로그램 중 기본관리에 속하는 초음파기계 관리가 있고 V사 고급 화장품을 활용해 클렌징부터 핸들링 관리, 마무리 마스크까지 손으로 관리하는 기본관리 비용의 2배가 되는 특수관리가 있었다. 한 고객이 특수관리 1회를 받아보고 티켓팅을 고려하겠다고 하여 1회 비용을 수납하고 관리실로 안내하였다. 그러나 직원의 실수로 기본관리가 진행되었고 관리가 마무리되어갈 때쯤 고객은 본인 관리에 착오가 생겼음을 알고 클레임을 하였다. 일부러 시간을 내어 고급관리를 받아보려고 했는데, 자신의 시간 낭비에 비용은 어떻게 할 것이냐, 책임자 얘기나 좀 들어보자며 팔짱을 끼고 상담실 자리에 앉았고 고성이 나오기 직전의 순간이었다. 누가 봐도 우리 실수인데 무슨 변명이 필요할까.

"○○님, 명백한 저희 실수인데, 무슨 변명이 필요하겠습니까. 귀한 시간 내서 오셨는데 관리가 잘못 진행된 점 제가 사과드리겠습니다. 제가 안내해드리고 중간에 점검을 꼼꼼히 해드렸어야 했는데 놓쳤네요. 죄송합니다. 그리고 고객님, 잘못 받으신 관리는 당연히 다시 해드려야 맞는데, 지금 다른 관리를 이미 받으신 상태여서 관리를 또 받으시는 건 피부에 무리가 갈 수 있어서요. 환불해 드리는 방법도 있습니다만, 고객님 V관리 받고 싶어 오신 건데, 일주일 뒤에 편하신 시간에 예약 도와드릴 테니 오셔서 한번 받아보시면 어떨까요? 어느 쪽이든 ○○님 결정을 도와드리겠습니다."

불만 고객 응대를 잘한다는 것은 끝까지 최선을 다하고 있다는 것을 고객이 느낄 수 있도록 '전 과정을 세밀하게 관리하는 것'이다. 이는 엄청나게 부정적인 감정의 충돌 속에서도 고객을 도울 방도를 찾는 것이며, 이 과정에서 고객에게 무시당하지 않으면서, 또 부정적인 감정이 주는 부담에 짓눌리지도 않으면서 그렇다고 고객에게 대들지도 않으면서 고객을 응대해야 한다. 나도 당신과 같은 고민을 하고 있다, 나도 당신이 원하는 대로 원만히 잘 해결되었으면 좋겠다는 것이 전해지도록 하는 것이다. 해결 방안을 제시할 때도 여러 선택지 중에 병원 내규에 의한 일방적인 통보가 아닌 환자가 생각하고 선택할 수 있도록 결정권을 넘겨주어야 불안감을 낮출 수 있다.

물질적인 손해보다 감정 훼손이 고객 분노의 동인이 되며 존중감, 무력감, 불공정성에 의한 감정적 상처 때문에 분노하게 되면 문제가 해결되어도 상한 감정은 해결되지 않아 고객은 다시는 오지 않겠다, 사용하지 않겠다로 변심하게 되는 것이다.

내가 잘못한 일이 아닌데 라며 억울해하거나, 내규를 앞세우고, 책임을 회피하는 일 등으로 '티핑 포인트'가 발생하지 않도록 불만 고객을 응대하는 영리한 방법을 직원이 알아야 한다.

이후 그 고객은 일주일 뒤 관리를 받으러 왔다. 관리 중간에 가서 상황 체크를 하며 자신을 면밀하게 살피고 있다는 느낌이 들도록 세심한 관심을 보였고, 관리가 끝난 후 당연히 티케팅으로 이어졌으며 그 이후에도 지속적인 재 티케팅이 있었다.

앞의 레스토랑을 예로 들면 모든 고객이 '빵을 추가로 더 주문하겠습니다.' 혹은 '실례지만 빵 추가는 비용이 발생하나요?'와 같이 우아하고 교양 있게 말하지 않는다. 이럴 때 자연스럽게 몸에서 나와야 하는 응대는 '아 고객님, 빵 추가를 원하시나요. 빵은 추가하실 경우 비용이 발생하는데 괜찮으시죠?' 라든지 '고객님 빵 추가 주문 도와드릴까요?'와 같은 멘트들이다.

이 레스토랑에서 내 지인을 충성고객으로 만드는 또 다른 방법은 무엇이었을까? 레스토랑 입장에서 최선책은 고객의 불만이나 클레임이 발생하면 이 특별한 기회를 이용하여 오히려 고객과 더 가까워지는 계기로 만드는 일일 것이다. 화가 머리끝까지 났던 고객을 충성고객으로 만든다면 말 그대로 전화위복이라 할 것이다.

예를 들어, 테이블로 나간 음식에 문제가 있을 경우, '큰 실례를 범했습니다. 지금 바로 다시 만들어 드리겠습니다.'라고 말하면 식당에서 신속히 대응했지만, 음식을 다시 만들어 서비스한다고 해서 손님의 마음이 편안해지는 것은 아니다. 또한 식대를 받지 않는다거나 무료 쿠폰 지급도 그리 좋은 방법은 아니다. 오히려 '아아, 이렇게 크게 불만을 제기했으니, 여기 다시 오긴 힘들겠군.'하고 불편함을 느낄 수 있다.

'그런데, 손님, 다른 음식은 어떠세요? 양념은 괜찮으신가요?'라고 방향을 바꿈으로써 손님의 입장을 '컴플레인을 걸어온 사람'에서 '조언을 해준 고객'으로 변경시키면 어떨까? '잘못된 서비스를 지적해 주셔서 감사합니다. 다시는 이런 불만이 발생하지 않도록 지적된 내용 하나하나에 대해 개선하겠습니다. 괜찮으시다면 저희가 제대로 개선했는지 한 번만 더 방문해 주실 수 있는지요?'라고 했다면 어땠을까? 나와 지인은 쾌히 승낙하고 조언해 주었을 것이다. 최소한 그저 빵값 내지 않으려는 '진상고객'처럼 보이지 않는다는 점은 분명히 했고, 식당의 조언자 역할을 한 손님은 앞으로 단골 고객이 될 가능성이 높다.

만족한 고객이 기업에 주는 이익보다 불만족한 고객이 기업에 미치는 악영향이 훨씬 크다는 점을 우리는 경험상으로도 깨닫고 있다. 불만족한 고객이 최소한 다섯 명에게 불만의 원인에 대해 불평하며, 이로 인해 기업의 이미지가 크게 훼손된다는 점은 주지의 사실이다. 따라서 고객 불만을 관리하고자 하는 기업의 욕구가 증대하고 있지만, 불만 고객 관리 시스템이나 전문 상담실을 체계적으로 도입하는 곳은 드물다. 물론 이런 얘기를 하면 '우리 병원은 작아서 고객 불만을 상담하는 전문직원이나 상담실 따위는 별도로 둘 필요가 없다'고 생각하는 의사들이 많다. 하지만 대형 병원보다 불만 고객을 전문적으로 상담하는 숙련된 직원이나 고객 상담실이 더 절실한 곳은 바로 작은 개인병원들이다.

특히 작은 의원이나 지역 병원들은 그 지역의 입소문을 타고 환자가 모이기 때문에 나쁜 소문이 나지 않도록 신속하게 해결하고 관리해야 한다. 또한 고객 상담실은 불만 고객을 케어할 뿐 아니라 고객 관리를 도맡아 책임질 수 있는 곳으로도 충분한 몫을 다하며 고객을 감동시킬 수 있어야 한다.

# 결국은 고객경험(CX)으로 통한다

## 스토리텔링이 있는 병원 – 상품을 팔지 말고 나를 팔아라

　기업에서 제품이나 서비스를 출시했을 때 세상 사람들의 주목을 받기란 하늘의 별따기다. 그래서 마케터나 영업직원들은 거기에 이야기를 덧붙여 매력을 덧붙인다. 만약 제품 속 이야기가 재미있고 공감할 만한 것이면 비로소 그 제품은 사람들의 주목을 받기 시작한다. 뛰어난 이야기는 작품의 주인공과 정서적인 일체감을 일으키면서 제품에 대한 각별한 선호도를 유발한다. 세계적인 생수업체 에비앙이 바로 그런 경우이다. 신장결석을 앓았던 한 후작이 알프스의 작은 마을인 '에비앙'의 우물물을 마신 후 병이 깨끗하게 나았다는 이야기로 에비앙을 단숨에 명품 지위에 올려놓았다. 사람들을 움직이는 것은 이성적 논리가 아니라 감성적 이야기다.

그런 연유로 '설동설舌動說'이란 말이 생겨나기도 했다. 인간이 살아가는 지구는 태양 주위를 도는 것지동설이 아니라, '이야기를 중심으로 돈다'는 것을 재미있게 표현한 말이다.

사람들은 통계나 과학보다 신화나 이야기를 좋아한다. 영화나 소설을 통해 이야기를 즐기고 새로운 이야기를 만드는 것을 좋아하고, 남에게 들려주길 좋아하며, 재미있는 이야기를 듣길 좋아한다. 진화심리학자들은 인간의 뇌가 이야기를 좋아하는 것은 타고난 특질이라고 말한다. 오랜 과거에 인간이 주변 환경의 위험이나 보상에 대해 알 수 있었던 방법은 두 가지였다. 하나는 직접 경험하는 것이었고, 다른 하나는 믿을 수 있는 사람에게서 이야기를 듣는 것이었다. 이는 오늘날에도 별반 달라지지 않았다. 가까운 친구의 이야기가 여전히 중요하고, 경험자가 들려주는 한마디가 고도의 계산 과정을 거쳐 나온 데이터보다 더 큰 위력을 발휘한다. 다이어트 보조 식품을 복용한 사람들의 90%가 체중 감량에 성공했다는 통계보다 한 여성의 개인적인 이야기에 더 귀를 기울이는 것도 이 때문이다.

유한킴벌리의 생리대인 '화이트' 광고에서 평범한 소비자가

TV에 등장해 상품을 사용한 경험담을 직접 이야기하는 것도 스토리텔링의 장점을 십분 활용한 것이다. 소비자가 직접 이야기하는 친근한 장면들은 다른 소비자에게 편안한 느낌을 주는데 적격이기 때문이다. 이와 같은 스토리텔링 마케팅이 관심을 끄는 이유는 디지털 시대를 맞이하여 스마트폰을 통한 SNS을 기반으로 하는 쌍방향 커뮤니케이션이 활성화됐기 때문이라고 풀이할 수 있다. 이제는 소비자들이 제품 사용 후기를 올리거나 자신의 이야기를 전달한다. 바로 이들이 스토리텔러이며 이들을 어떻게 활용하느냐가 '스토리텔링storytelling' 마케팅 성공 여부를 결정짓는 열쇠라고 할 수 있다.

어느 병원 홈페이지 첫 화면엔 이러한 글귀가 있다.
'자신의 모습, 잊지 마세요', '잊고 지낸 내 피부를 만나는 시간, ○○병원이 함께 하겠습니다'.
피부과나 성형외과의 홈페이지에서 흔히 볼 수 있는 문구라고 생각할 수도 있지만, 이곳은 오로지 화상 흉터만 전문적으로 시술하는 서초구에 위치한 한 병원이다. 홈페이지의 첫 화면은 병원장이 시술하는 장면이다. 한 눈에도 무엇을 전문으로 주력하고 있는지 알 수 있고 시술 전후의 사진들을 보며 개선 효과도 확인할 수 있다. 그런데 그 시술하는 장면과 자신 있게 내놓은 시술 전후 사진 속의 환자는 바로 원장의 아들이다. 본인 아들의 화상 흉터로 마음고생이 많았던 병원장은 본인의 의술로 아들을 먼저 치료하고 차츰차츰 개선되는 효과를 보여줌으로써 많은 환자에게 진심이 전해진다는 생각을 들게 한다.

신체의 보이는 부분보다 마음속에 두껍게 자리 잡고 있는 흉터는 당사자뿐만 아니라 가족들을 힘들게 하기도 한다. 사람들의 불필요한 시선과 상처가 될 수 있는 말과 동정이 환자와 가족들을 더 고통스럽게 하기도 한다. 같은 아픔을 가진 의사의 모습은 아마 보이지 않는 마음의 흉터까지 함께 치료해주는 느낌을 전달할 것이다. 환자에게 공감을 줄 수 있는 스토리를 가진 병원은 환자의 마음을 움직이며 치료의 과정으로 들어가는 시점부터 긍정적인 결과로 이끈다는 생각이 든다.

이야기story는 복잡한 일들을 좀 더 쉽게 이해하도록 도와준다. 그리고 이야기는 소비자들이 브랜드에 대한 호감이나 궁금증을 갖게 만든다. 따라서 이야기는 상품과 아이디어를 많은 사람들에게 전파하기에 매우 적절한 도구이다. 흥미 있는 이야기가 담긴 상품은 다른 제품보다 더욱 매력적일 수 있다. 따분한 상품 설명보다는 흥미 있는 이야기를 통해 풀어 가면 고객과의 거리는 더욱 좁혀진다. 따라서 상품이나 브랜드에 얽힌 이야기를 가공하고 포장하는 광고 및 판촉 활동에서도 스토리텔링은 필수적인 요소가 됐다. '스토리텔링'은 소비자들은 상품 그 자체를 사는 것이 아니라 상품에 내재되어 있는 이야기를 산다는 의미로서 최근 들어 이런 점을 최대한 활용한 마케팅이 활발하게 전개되고 있다. 스토리텔링 마케팅은 이야기하기를 좋아하는 인간 본성에 기반한다. 그래서 감성적이다. 스토리텔링은 단어 자체에서 알 수 있듯 '스토리story'와 '텔링telling'의 합성어이다. 즉 스토리텔링은 스토리를 의미한다. 스토리텔링 마케팅은 상품에 얽힌 이야기를 가공, 포장하여 광고, 판촉 등에 활용하는 브랜드 커뮤니케이션 활동이다

병·의원의 경우도 아들의 화상 흉터를 치료한 이야기나 취직을 못 해 고민하던 고객이 성형 후 스튜어디스가 되었다는 사례나 탈모로 고생하던 청년이 모발 이식 후 결혼에 성공했다는 스토리텔링을 활용하면 상대방에게 진정성을 전달하는 동시에 감성적으로 고객의 마음을 사로잡는 데 성공할 수 있을 것이다.

덧붙여 위 피부과 병원장의 사례가 돋보이는 것은 '사진 속의 환자가 병원장의 아들'이라는 스토리에 멈추지 않는다. 마케팅이나 영업을 하면서 '상품을 팔지 말고 나 자신을 팔라'라는 말을 들어보았을 것이다. 나 자신을 팔아야 스토리가 된다. 예를 하나 들어보자.

지하철역 주변에서 김밥을 파는 사람들을 본 적이 있을 것이다. 지하철역 주변에서 판매되는 김밥을 수거해 안전성 검사를 한 결과 40.9%에서 대장균이 검출되었다는 보도가 있었다. 그래서 김밥을 파는 사람들은 커다란 종이에 '신선하고 좋은 재료로

오늘 아침 정성껏 만든 김밥'이라고 크게 써 붙여 놓고 사람들이 그 말을 믿어주길 바란다. 그런데 그걸 곧이곧대로 믿을까? 믿어주지 않는다면 어떻게 해야 사람들이 믿어줄까?

물론 신선하고 최고의 품질을 유지하려고 온갖 노력을 했겠지만, 과일이나 김밥보다는 나를 팔아야 한다. 이름과 혹시 이상이 있으면 연락할 핸드폰 번호를 적어 놓고 오늘 새벽에 이렇게 가족들이 옹기종기 모여 만든 것임을 보여주는 사진을 크게 붙여놓는다면 믿는 사람이 많아질 것이다. 상품을 보고 구매를 할 때보다 그 상품을 파는 사람을 보고 구매하는 경우에 고객의 충성도가 높다. 먼저 사람이 신뢰감을 주어야 물건도 믿을 만하다고 생각하기 때문이다. 바로 이점이 '상품을 팔지 말고 나를 팔아라'가 전달하는 핵심 메시지다.

## 서비스 표준화와 한계

MK택시에는 다음과 같은 표지가 붙어 있다.

> 저희는 택시 요금에 다음과 같은 서비스가 포함되어 있다고 생각합니다.
> – "고맙습니다."라고 인사를 하겠습니다.
> – "MK의 ○○○입니다." 하고 이름을 밝히겠습니다.
> – "어디까지 가십니까?", "어디까지 가시는군요."하고 행선지를 확인합니다.
> – "오늘은 저 ○○○가 모시겠습니다."라고 자신의 이름을 밝힙니다.
> – "고맙습니다, 잊으신 건 없으십니까?"하고 인사를 합니다.
> 이상을 실천하지 않았을 때는 요금을 받지 않습니다.

지금은 유명을 달리한 재일교포 유봉식 씨가 창업한 'MK택시'의 이야기다. 1990년대 초 우리나라에 CS경영의 개념이 처음 도입되었을 때, '서비스는 매뉴얼을 통해 표준화하는 것이 중요합니다'라고 이 책의 공동 저자인 장정빈 교수가 강조하며 가장 많이 인용한 사례다. 'MK택시'처럼 인사와 미소, 단정한 복장 등 예절과 친절 운동으로 시작해서 서비스를 표준화하고 전사적으로 실행하는 것 즉, 대고객 친절 운동이 서비스의 첫 번째 계단이다. 여기서 말하는 대고객 친절 운동이란 기업이 고객에게 제품과 서비스를 판매하는 거래 과정에서 종업원에 따라 들쭉날쭉하지 않고 언제나 한결같은 서비스를 유지하기 위해 지켜야 할 예의 같은 것이다. 서비스는 인간이 주체적으로 개입하는 특성상 제공하는 사람에 따라 서비스의 질이 달라져서 표준화가 매우 어렵기 때문에 서비스 매뉴얼의 필요성을 강조한다.

매뉴얼을 서비스 품질에 훌륭하게 접목한 우수 사례best practice로는 단연 디즈니랜드를 들 수 있다. 디즈니랜드는 매뉴얼이 모든 고객에게 획일적으로 실행됨으로써 나타나는 폐해를 적극적으로 극복해냈다.

도쿄 디즈니랜드는 개장 전부터 매뉴얼 지상주의와 관련해 몇몇 전문가들로부터 혹독한 비판을 받았다. 그러나 그들은 이렇게 반박한다.

"디즈니랜드의 매뉴얼은 획일화된 서비스를 강조하는 것이 아니라, 그 이상의 것을 직원들에게 요구하기 위해 작성되었다. 다시 설명하면, 각각의 상황에서 직원 스스로 가장 좋다고 생각하는 방법을 행하도록 하는 일종의 '기준'일 뿐이다. 직원들은 매뉴얼에 없는 20~30퍼센트 공백을 스스로 채울 줄 알아야 한다. 또한 직원이 생각해낸 방법이 매뉴얼에 기록된 것 이상으로 우수한 내용이라 생각되면 즉시 그 내용을 매뉴얼의 새 항목으로 반영할 수 있도록 꾸준히 시스템화해왔다."

디즈니랜드는 기본적인 것을 가르치기 위한 교과서로서 매뉴얼이 반드시 필요하다고 주장한다. 그들이 정의하는 매뉴얼이란

'누구라도 똑같이 할 수 있는 것으로 표준화, 일반화하는 것'을 말한다. 따라서 매뉴얼화라는 것은 '그 시점에서 가장 좋은 서비스 수준과 능력을 가지고 있는 사람이 행하고 있는 것을 표준화함으로써 다른 직원들도 똑같이 할 수 있는 것'이라고 정의할 수 있다. 한번 만들어진 것을 금과옥조마냥 영원히 받들라는 것이 아니라 늘 그 이상의 +α 즉, 20~30퍼센트를 스스로 채워야만 진실로 수준 높은 서비스를 행할 수 있다는 것이다.

몇 년간 애용하던 수분 크림이 있는데, 항상 같은 매장에 들러 여유분을 포함해 2~3개를 구매해 집에다 보관하고 사용하고 있었다. 재구매를 위해 그 매장을 방문하니 직원이 바뀌어 있었고 내가 쓰던 화장품 케이스는 리뉴얼 되어서 케이스 모양이 달라져 있는 것이다. 어리둥절하며 상자를 열어보려던 찰나, 직원이 '그거 열어보시면 안 돼요!'라며 큰 소리로 제지한다. 그래서 놀란 눈으로 알겠다며 계산대로 향했다. 다른 샘플은 필요 없으니 선크림 샘플만 몇 개 달라는 내 말이 끝나기도 전에 직원이 툭 내뱉는 한마디, '없어요!'였다. 직원 응대의 불쾌한 경험으로 인해 이후에는 일부러 다른 지역의 매장을 찾아가서 화장품을 구매했는데, 그 직원은 너무 친절하게 응대하며 더 필요한 것은 없는지 새로 나온 화장품 샘플을 챙겨주며 한번 사용해보시라 권해주었다. 같은 브랜드의 매장인데 직원의 온도 차가 극명했다.

2000년도 초반, 피부 미용 병원으로서 네트워크 병원화의 시작점에 있었다고 말할 수 있는 K피부과는 서비스에 사활을 걸고 있던 의료 경영자들에게는 늘 관심의 대상이었다.

전국에 많은 지점을 가지고 있는 K피부과는 신입직원 채용 후 반드시 본사에서 한 달간 신입 교육을 시행하고 각 지점에 배치했다. 어느 지점에서 진료를 받더라도 K피부과의 특화된 서비스를 받을 수 있도록 직원 서비스 교육에 집중했으며 환자들이 이 서비스를 브랜드처럼 느끼게 하려는 경영 방침이었다.

또한 이 피부과는 경력이 많은 직원은 채용하지 않고 사회 초년생들을 주로 채용해서 교육하고 K피부과의 이미지를 입히려 무던히도 노력하였다. 장기 근무하는 직원들이 생겨나고 이들을 중간 관리자로 성장시키고 각 지점의 책임자로 승진시키는 시스템 또한 K피부과의 경영 방침 중 하나였다. 고객들의 반응 또한 뜨거웠다. 그 병원 직원들은 참으로 친절하고 전문적이더라는 이야기를 같은 의료기관의 관계자들뿐만 아니라 환자들에게서 심심치 않게 들을 수 있었다.

이러한 서비스 표준화에 대한 노력과 방침은 의료업계에 큰 영향을 주었다. 서비스에 대한 개념이 생소하던 의료업계에서는 그 병원을 벤치마킹하고 모니터링 요원을 보내 서비스를 경험해 보기도 하였으며 직원에 대한 서비스 마인드 교육에 열을 높이기도 하였다.

본래 고객에 대한 서비스는 고객 한 사람에 대한 취향이나 기호에 맞추어야 하므로 치밀한 계산과 룰이 꼭 필요한 것은 아니다.

그러나 고객을 대하는 접점 직원이 자기 천성대로 고객을 대하게 되면 서비스의 품질과 수준은 전적으로 직원 개개인의 인격적인 질과 수준에 따라 결정되고 만다. 즉, 본성이 명랑하고 상냥한 직원은 호감 가는 응대를 하지만, 엉망인 직원은 눈살 찌푸리기에 딱 알맞다. 그러므로 모든 직원이 치밀한 계산 없이 자기 기분대로 고객을 상대하는 것은 품질 높은 서비스라 할 수 없다. 누구에게나 수준 높은 서비스를 제공하려면 서비스를 개인적인 능력과 자질 수준으로 취급해서는 안 되는 것이다. 즉 서비스의 이질성이 표준화를 통해 적절히 관리되어야 하는 것이다.

서비스는 크게 무형성, 이질성, 동시성, 소멸성의 특징을 띤다. 일반적으로 서비스는 눈에 보이지 않고, 제공하는 사람과 환경에 따라 다르게 나타나며, 생산과 소비가 동시에 이루어지고, 제공된 후 즉시 사라져 버리는 특성을 가지고 있다. 따라서 서비스를 보다 효율적으로 제공하기 위해서는 이러한 서비스의 독특한 특성을 극복할 수 있도록 형태를 가시적으로 보여주어야 하고무형성을 극복, 어디를 가도 똑같은 서비스를 제공받을 수 있도록 해야 하며이질성을 극복, 공급과 소비가 동시에 일어나기 때문에 고객 접점을 만들어 주고동시성을 극복, 서비스를 제공받고 바로 사라지지 않도록 경험을 만들어 주어야 한다.소멸성을 극복 이러한 서비스의 특성에서 비롯되는 한계를 극복하기 위해 서비스를 시각화, 실제화, 표준화해서 고객에게 특별하고 일관된 경험을 제공하는 방법이 서비스 디자인이다.

다만 서비스 표준화에서 잊지 말아야 할 사항이 하나 있다. 매뉴얼대로 하다 보면 자신도 모르는 사이에 '매뉴얼 지상주의'에 빠지기 쉬운데 표준화를 획일화로 오해하면 안 된다.

미국의 서비스 경영학자인 칼 알브레히트Kal Albrecht는 수많은 고객의 불만들을 분석하고 공통 요인을 찾아냈다. 그리고 이를 '고객서비스의 7대 죄악the seven sins of service'이라고 이름 붙였다. '무관심, 무시, 냉담, 어린애 취급, 로봇화, 규정 제일, 발뺌'이 그것이다. 여기서 로봇화는 '감사합니다. 안녕히 가십시오.', '어서 오십시오. 다음 손님!' 하는 식으로 직원이 기계적으로 어느 손님에게나 똑같은 말과 동작으로 대하는 걸 말한다. 표준화가 중요하지만 이를 획일적으로 적용하면 이처럼 인간미와 유연성을 느낄 수 없는 자동판매기가 되어버린다. 매뉴얼을 지키자고 상황에 따른 유연성과 개별적 배려를 잊어서는 안 된다. 아무리 매뉴얼이 체계적으로 촘촘히 설계되어 있다 해도 실제로 벌어지는 특수한 상황까지 모두 담아낼 수는 없기 때문이다. 표준화가 획일화가 되어서는 안 된다. 기계적인 응대를 좋아할 고객은 아무도 없다.

## 환자경험평가와 환자만족도 조사

미국 위스콘신대학교 매디슨캠퍼스 병원 직원들이 심장 수술을 받은 환자를 대상으로 설문 조사한 결과, 환자들이 가장 많이 지적한 부분은 이런 것이었다. '수술 후 깨어났을 때, 내가 산소마스크를 쓰고 있는 것을 보고 깜짝 놀라고 겁을 먹었다.'

수술할 때 경험하게 되는 일부분에 대해 의료진들이 환자들에게 미리 말해주지 않았던 것이다.

환자와 의사는 대화가 가장 겉돌기 쉬운 상대이다. 미국 '의료커뮤니케이션 학회'에 따르면, 의사 10명 중 9명은 환자에게 질병에 대해 잘 설명했다고 생각하지만, 환자의 절반은 의사의 설명을 이해하지 못하는 것으로 조사되었다. 의사가 쓰는 용어에 대해서 환자의 이해도가 낮고, 서로 관심사가 다른 탓일 것이다. 환자들은 치료 과정을 궁금해하지만, 의사들은 결과에 집중하는 경향이 있다. 환자는 겉으로 보이는 것에 민감하고, 의사는 몸 안의 것에 더 예민하다. 환자는 감성에 치우치고, 의사는 이성에 의존한다. 어떤 이는 이를 두고 환자는 금성에서 왔고, 의사는 화성에서 왔기 때문이라고도 한다. 차이를 해결하기 위해 화성에서 온 사람과 금성에서 온 사람은 서로에게 무엇을 원하는지를 직접 물어보아야 한다. 고객이 원하는 것을 고객에게 직접 물어보자. 고객이 무엇을 원하는지 그리고 얼마나 만족하는지를 알아내는 정부 차원의 제도가 '환자경험평가'라고 할 수 있다.

보건복지부와 건강보험심사평가원 주관으로 2017년부터 시작된 '환자경험평가'로 인해 상급종합병원과 종합병원이 사활을 걸고 있다. '환자경험평가'란 환자가 입원한 기간 동안 경험한 의료 서비스 수준을 확인하는 국민 참여 평가이며, 진료 과정에서 환자의 가치와 의견이 반영되는 환자 중심 의료문화 확산에 기여하고자 정부에서 시행하는 것이다. 입원 환자를 대상으로 입원 중 의료진과 이야기할 기회가 충분했는지, 의료진의 설명이 이해하기 쉬웠는지, 의료 과정에 환자가 참여할 기회가 있었는지를 확인하는 국가사업이다. '환자경험평가'의 목적은 병원은 환자를 존중하고 필요에 상응하는 치료 제공을 하고 환자는 의료진에 대한 신뢰와 존중을 통해 의사결정 과정에 적극적으로 참여함으로써 환자 중심의 의료문화를 만들기 위한 것이다.

'환자경험평가'는 이처럼 환자 중심의 의료 서비스의 질을 높이고자 도입되었으며 2017년을 시작으로 21년 3차 평가까지 진행되었고, 500병상 이상의 3차 의료기관인 상급종합병원의 95개소를 시작으로 2021년도에는 300병상 이상의 2, 3차 종합병원으로 확대해서 시행되었다. 또한 입원 환자를 중심으로 진행되었던 평가를 외래까지 확장하고자 준비 중이다.

또한 '환자경험평가'가 확대 시행됨에 따라 2023년 현재는 많은 병원들이 환자경험 서비스에 다양한 시도를 하고 있다. 고양

시에 있는 명지병원은 입원 환자가 겪는 궁금증을 비롯해 환자의 알권리를 위해 '릴리 레터'를 시행했다. 다른 병원에서도 환자가 입원하기 위해 내원하면서부터 퇴원하여 귀가할 때까지 입원전반의 상황을 안내하고 옆에서 도움을 줄 수 있는 환자경험 리더, 환자경험평가 매니저 등을 배치한 경우가 있다. 병원에 머무는 모든 순간을 '환자경험여정'이라 부르며 마치 긴 여행을 위해 공항에서 비행기에 탑승하고 목적지에 도착하고 다시 귀가하는 과정처럼 모든 순간에 간호사와 의사가 아닌 또 다른 서비스 직원을 통해 환자의 불편함과 궁금한 사항을 최소화하려는 다양한 노력이 시도되고 있다.

입원 중인 환자에게 병동 간호사가 편지지를 건네며 주치의에게 본인의 상황에 대한 질문들을 생각이 날 때마다 미리 적어놓고 회진 시 참고하여 궁금증을 해결할 수 있도록 한 것이 앞서 말한 '릴리 레터 프로젝트'이다. 이는 촉박하게 진행되던 회진으로 인해 환자들의 해결되지 않은 궁금증과 뒤늦게 생겨난 의문점을 해결하고자 환자 경험 서비스의 일환으로 시행된 프로젝트인데, 결과는 매우 긍정적이었다.

프로젝트 시행 후 환자가 가장 궁금해하고 불안했던 점들을 환자가 적은 내용을 기반으로 자세하게 설명해주니 본인의 병에 대한 이해와 향후 치료 계획에 대한 방향은 물론 의료진에 대한 신뢰가 더욱 상승했다고 한다. 또 하나 의미 있는 결과는 이 프로젝트 시행 후 간호 데스크를 찾아와 질문하는 빈도수가 90% 이상 줄어들게 되었다는 것이다. 이는 많은 의료진과의 소통을 통해 불안감과 걱정이 많이 해소되었다는 말이다. 이러한 결과는 환자와 가장 많은 시간을 보내는 간호사들을 찾아가는 빈도수를 줄였을 뿐 아니라 간호사들에 대한 서비스 만족도도 높였다. 이는 2017년부터 시행된 '환자경험평가' 결과에서도 찾아볼 수 있다. 중요한 것은 의료진들과의 충분한 소통을 통한 위로와 공감이 환자들의 통증 조절 노력에도 긍정적인 영향을 미친다는 점으로 환자에 대한 의료진의 정서적인 지지가 아주 중요하다는 것을 알 수 있다.

'환자경험평가'에서 가장 중요하게 여기는 것은 환자 중심성이다. '환자경험평가'의 1차 결과를 보면 가장 높은 점수를 받은 영역은 간호사 서비스이며 병원 환경, 환자권리 보장, 의사 서비스, 투약 및 치료 과정의 순서로 나타나고 있다. 의사 서비스는 태도는 좋지만, 의사소통 개선의 필요에 대한 목소리가 높았는데, 이는 바로 환자에 대한 공감과 그들의 말에 대한 경청의 필요성 그리고 자세한 설명이 필요하다는 말이다.

지금은 여러 병원에서 환자와의 간격을 좁히고, 환자가 함께 치료에 참여한다는 경험을 전달하기 위한 다양한 프로젝트가 시행되고 있다. 이는 평가를 위해서만이 아니라 의료 서비스 문화의 질을 향상하기 위해 반드시 자리 잡아야 하는 문화이다. 경상

남도 양산에 있는 베데스다복음병원에서는 환자가 힘든 치료를 끝내고 퇴원할 때 병동 간호사가 손으로 직접 쓴 퇴원 편지를 환자에게 전달한다. 환자를 걱정하고 격려해주는 의료진의 편지 한 장이 힘들었던 치료를 마치고 퇴원하는 환자에게 강한 힘을 줄 것이다.

환자만족도 조사는 환자가 병원에서 겪게 되는 접수, 진료, 검사, 수납, 주차 등 전반의 과정을 문항으로 만들고, 각 문항에 대하여 얼마나 만족하는지를 묻는 방식으로 진행한다.

예를 들어, 환자가 병원에서 겪게 되는 과정을 여러 개의 항목으로 나누어서 만족 여부를 '아주 만족'에서 '아주 불만족'까지 다섯 단계의 응답 범주5점 척도로 묻게 되는데 이러한 조사 방식은 다수의 내원 환자를 대상으로 비교적 수월하게 진행할 수 있고, 집계 결과 또한 바로 볼 수 있으며, 반복 조사함으로써 내원 환자의 만족도 변화를 시계열적으로 확인할 수 있다.

그런데 병원에서의 환자만족도 조사는 다른 산업 분야의 만족도 조사와 비교해서 응답률이 높고, 결과도 좋게 나오는 경향이 있다. 대부분의 환자만족도 조사가 병원 자체적으로 조사되고, 병원 직원에 의해서 병원 내에서 진행됨에 따라 사회적 약자인 환자가 행여 있을지도 모를 불이익을 염려하여 긍정적인 응답을 하게 될 가능성이 크기 때문이다. 이는 내원 환자에게 당일 진료에 대한 만족 여부를 질문하는 것이기 때문에 엄격하게 따지면 올바른 조사라고 할 수 없다. 원래 만족도 조사는 서비스가 제공되고 일정한 시간이 지나 환자가 신체적으로 치료의 효과를 인지할 수 있는 시점에서 실시하는 것이 옳다.

이러한 이유에서 선진국에서는 전문적인 조사 회사가 일정 시간이 지난 이후에 병원 이외의 장소에서 만족도 조사를 진행하는데, 이를 적극적으로 도입해볼 만하다.

III.

병원은 커뮤니케이션 비즈니스다

# 공감, 대체 불가능한 경쟁력

## 디지털과 휴먼터치

　디지털 전환과 함께 2020년 코로나가 시작되면서 서비스 현장에서는 상상도 못할 엄청난 변화가 일어나고 있다. 2020년 10월쯤 강원도 속초에 있는 한 음식점에서 자율주행 로봇의 서빙을 처음 경험했다. 코로나로 인해 사람과의 접촉을 최소화하려는 관광지에 있는 음식점들의 발 빠른 대처인데 이제 그 변화는 아주 가까운 곳에서도 흔하게 경험할 수 있다. 2023년 현재, 동네의 많은 음식점과 카페에서는 가게 규모와 상관없이 키오스크를 활용해 주문을 받고 있으며, 테이블에 비치된 테블릿PC, QR코드를 통해 메뉴판을 확인하고 버튼을 누르면 주문이 완료된다. 음식 서빙은 당연히 자율주행 로봇이 대신하는 경우가 많아졌다.

이마트24, 로드샵 이니스프리 등에서 무인점포 또한 늘어나고 있으며 많은 기업이 고객과 직원이 만나는 접점의 변화에 대해 생각을 해야 하는 시기인 것이다.

키오스크의 활용은 의료 서비스 환경에서도 예외는 아니다. 언제 어디서든 실시간으로 병원을 방문하지 하지 않고 스마트폰 어플 똑닥, 굿닥 등을 활용하여 접수와 예약을 미리 할 수 있고, 내원하여 테블릿 PC로 환자가 직접 접수를 하는 방식의 병원들이 늘어나고 있다. 2022년 초에는 코로나로 인한 비대면 진료가 한시적으로 허용이 되어 병원에 내원하지 않고 코로나 확진 환자들이 전화로 의사와 상담하며 진료를 받을 수 있었다. 병원 내에 비치되어 있는 키오스크를 활용한 접수대기 순번표, 수납이나 주차등록 확인과 같은 업무 처리는 이제 너무나 기본이 되어 있다.

코로나19라는 유례없는 상황에서 디지털 트랜스포메이션의 속도가 이전과는 비교할 수 없을 정도로 빨라지면서 사람들은 비대면 서비스의 편리함과 효율성을 경험하기 시작했다. 그런데 언택트 경험이 늘어날수록 디지털 기술의 한계도 더욱 분명하게 드러나고 있다. 디지털 기술에만 의존하게 되면서 인간적 공감과 따뜻한 체온으로 스킨십하는 휴먼터치적인 감성이 그리워지고 있는 것이다. 이 말은 첨단기술과 언택트 상황이 발전할수록 역설적으로 사람의 따뜻한 감성에 대한 터치가 더욱 중요해질 것이라는 의미이다.

아무리 디지털화, 언택트 시대에 접어들었다 하더라도 의료 서비스 환경은 무인으로 서비스를 진행하는 것에 한계가 있다. 로봇으로 수술을 한다 해도 그것을 지휘하는 것은 사람이며, 수술을 준비하는 것 또한 사람이다. 수술 후 환자의 상태를 체크하고 자세한 상담과 안내, 그리고 그 안에 환자의 고통을 공감해 주는 존재 역시도 사람이다. 의료 서비스 분야는 환자를 응대하는 최일선에 있는 고객접점 마다의 내부 직원 역할이 더더욱 중요해지고 있음을 의미하기도 한다. 내부 직원의 역량과 단단한 조직 문화가 병원을 이끌어가고 환자를 대하는 태도로 연결되기에 2020년 의료 경영 트렌드는 휴먼웨어 경쟁이라는 분석이 과언이 아니다.

그래서 사람이 없어져 가는 많은 기업의 서비스 문화에도 불구하고 의료업계는 휴먼웨어의 중요성을 더더욱 강조하는 것이다.

## 왜 의사들은 '싸늘하고 냉정한 경고'를 해야 할까?

우리에게 익숙한 '방어운전' 개념이 있다. '방어운전'이란 사고의 발생 가능성을 예견해 운전함으로써 어떤 돌발 상황이나 조건에 대해 미리 대비하는 것이라 하겠다. 그런데 의료계에선 '방어진료'란 말이 익숙해졌다. '방어진료'의 개념은 한마디로 책임을 지지 않기 위해서 하는 의료 행위이다. 환자에게 최선의 결과를 내기 위한 것이 아니라는 점에서 씁쓸한 마음이 들지만, 이는 어쩔 수 없는 의료업계의 현장 모습이기도 하다. 방어운전은 사회적으로 이득이지만, '방어진료'는 장기적인 관점에서 볼 때 사회적으로 큰 손실을 끼치게 된다. 의사들 대부분이 의료 분쟁을 의식해 '방어진료'를 하고 있으며 정부 차원의 의료 분쟁 해결 대책을 요구하고 있다고 한다. 인도주의실천의사협의회가 서울대병원을 비롯한 4개 병원의 전공의사와 개원의사 86명을 대상으로 '방어진료' 실태를 조사한 결과에 따르면 전공의사의 80%, 개원의사 90% 이상이 '방어진료'를 염두에 두고 있다고 응답했다는 것이다. '방어진료'의 대표적 유형으로는 '값비싼 검사의 시행', '드문 합병증의 설명', '가장 나쁜 예후 설명', '다른 과나 병원 소개' 등을 꼽았다. '드문 합병증의 설명'과 '가장 나쁜 예후 설명'은 환자에게 대못을 박는 설명일 수밖에 없다.

'이 병이 나을 거라고 생각하세요?' 이 병은 낫는 병이 아니에요.'
'항암 시작하고 좋아진 적 있어요? 그냥 안 좋아지는 증상을 늦추는
것뿐입니다.' '바꾼 항암 약에 내성이 생기면 마음의 준비를 해야 할
것 같습니다. 주변 정리부터 슬슬 하세요.'

가수 보아의 오빠이자 지금은 고인이 된 고(故)권순욱 뮤직비
디오 촬영감독이 생전 암진단을 받고 진료 담당의에게 들은 말
을 자신의 소셜에 올린 내용이다. 의사들은 왜 그리 싸늘한지, 가
슴에 못을 박는 이야기를 면전에서 편하게 하시니 제정신으로
살 수 없었다고 털어놓았다. 이러한 사연이 알려진 후 의사들에
대한 많은 사람들의 비판에 전 대한의사협회장이 본인의 소셜을
통해 나름의 해명 글을 올린 적이 있었다. 그는 의사들이 싸늘한
이유를 '자기방어'라고 한마디로 설명하며 환자에게 '싸늘하고
냉정한 경고'를 하지 않는다면 환자의 상태를 정확히 알리지 않
았다는 이유로 가족이 조기 사망에 대한 책임을 의사에게 돌릴
수 있고 법정소송으로 시달리는 경우가 허다하며, 불충분한 설
명으로 인해 법적인 책임을 지는 상황까지도 몰릴 수 있음을 이
야기했다. 또한 이 '싸늘하고 냉정한 경고'가 지나치게 걱정이 많
은 환자들에게는 올바른 선택의 기회를 앗아가기도 한다며 발생
할 수 있는 수많은 부작용에 대한 빠짐없는 설명의무가 주어져
있기 때문에 법적 책임으로 인해 발생할 수 있는 '희박한 부작용'

마저도 의사들은 일일이 설명해야 하고 그 설명을 들은 환자가 겁을 먹고 그에게 꼭 필요한 치료를 거부하는 경우가 발생하는 것이라고 말했다.

이어 그는 싸늘하고 냉정한 경고에 대해 '섭섭해하지 마시라. 죄송하지만, 이런 싸늘한 환경은 환자분들 스스로 만든 것'이라며 '안타깝게도 환경은 바뀌지 않을 것이다. 오히려 시간이 갈수록 악화할 것이다. 의사는 존중과 보호를 받을 때 최선을 다할 수 있다. 그러나 대한민국 의사들이 받는 것은 존중과 보호가 아니라 의심과 책임요구다. 이런 상황에 놓인 의사들의 따뜻한 심장들이 매일 조금씩 싸늘하게 식어가는 것'이라고 했다. 출처 : 한국경제신문, 2021.5.19

전 대한의사협회장이 올린 답변은 인간의 건강과 생명을 대상으로 하는 의료 행위의 특수성에서 비롯되는 것들이라 짐작할 수 있는 부분이다.

고도의 지식과 기술을 필요로 하는 의료 행위의 전문성으로 인해 환자들의 의심과 오해가 쌓일 수 있고 이는 의료 분쟁으로 이어지기도 한다. 또한 의사에게는 고도의 집중력과 감염 예방을 위해 공개되지 않는 일정한 공간에서의 밀실성이 보장되어야 하며 자신의 지식과 경험에 따라 질병 치료에 가장 적합하다고 생각하는 치료 방법을 선택하는 재량성이 있다. 개개인의 체질이나 신체적 특성에 따라 결과 차이가 발생할 수 있는 불확실성, 의학 발전에도 불구하고 불가항력적인 문제가 발생할 수 있는 의료 행위의 특수성이 바로 그가 말하는 의사에 대한 존중과 보호가 필요한 부분이 아닐까 생각한다.

단순한 진료 계약 관계 이상의 신뢰 관계를 바탕으로 의사와 환자의 진료 행위는 이루어진다. 질병의 치유를 목적으로 협력하는 상호 주체적인 지위를 가지며 아무리 뛰어난 의사도 환자의 협력 없이는 질병에 대한 치료가 불가능하다. 의료기관이 대형화, 조직화, 분업화되면서 환자를 여러 의사가 각자의 전문 분야에 대해서만 진료하게 되었고 의사들은 환자를 특정의 질병군으로만 바라보는 현상이 나타났다. 과거 의사와 환자의 친밀한 관계에서 나오는 왕진이나 단독 치료와 확연히 비교되는 부분이다. 또한 저수가 체제에서 수입 보전을 위한 과잉 진료 경향도 나타나고 이는 의료의 상업화를 더욱더 부추기게 된다. 이러한 의사의 의료 행위에 환자들은 자신의 생명과 신체를 중요하게 여기지 않는다고 생각하면서 신뢰 관계가 상실되어 의사의 조그마한 실수에도 엄격한 태도를 보이고 의료 분쟁을 일으키는 것이다.

그렇다면 모든 의사들은 환자들에게 '싸늘하고 냉정한 경고'를 해야하는 것일까? 필자는 고故권순욱 씨와 똑같은 이야기를 한 의사에게 들은 적이 있다.

'이 병이 나을 거라고 생각하세요. 환자분? 이 병은 낫는 병이

아니에요, 보호자님은 그것도 모르고 오셨어요? 약을 먹으면 좋아지는 게 아니라 조금 늦춰 줄 뿐이에요!'

어머니의 파킨슨병 진단 때문에 방문했던 일산의 한 종합병원에서 신경과 의사가 신경질적으로 던진 그 말들이 아직도 생생히 기억이 난다. 더구나 그날은 무슨 프로그램을 촬영하는지 그 진료실 안에는 몇 명의 방송국 스텝들과 촬영 중인 방송국 카메라가 보였다. 비록 방송국에서 찾아올 정도의 해당 분야의 권위자라고 해도 환자의 마음과 의지를 읽지 못하고 권위적인 태도로 대한다면, 환자 치료에 이롭지 않을 것이다. 어렵게 병을 받아들이고 현실을 인정하는 환자에게 의사의 '싸늘하고 냉정한 경고는 도움이 될까? 환자에게 싸늘하게 대한다는 것을 본인은 알기나 할까? 힘든 상황인 줄은 알지만, 이 병을 바로 알고 앞으로 어떻게 치료하는 것이 더 현명한 것인지, 환자와 보호자를 위로하고 공감해 줄 수는 없는 것일까? 라는 생각을 하며 착잡한 마음으로 진료실 밖으로 나왔다.

## 프레이밍 효과 - 환자들과의 대화 전략

이를 해결하는 방안은 무엇보다도 싸늘한 경고를 해야 하는 의료현장의 '방어진료'에 대한 원인을 따져봐야 할 것이다. 의료사고에 대한 형사 처벌이 강화될수록 의료인들은 처벌에 대한 두려움과 공포가 심해져 결국에는 환자에게 최선의 진료보다는 '방어진료'를 할 수밖에 없다고 말한다. 따라서 '의사가 전문가적 양심에 따라 최선의 진료를 다하는 경우에는 그에 따른 정당한 대가를 받고, 또한 법의 보호를 받을 수 있는 안정적인 진료 환경이 조성되길 바란다'는 요구에 귀 기울여야 한다.

아울러 의료현장에서는 '의사가 건네는 한마디의 말'이 얼마나 강력한지를 스스로 재인식할 필요가 있다. 의사가 환자에게 건네는 한마디 권고만큼 강력하게 환자의 행동 변화를 불러일으키는 것이 별로 없을 것이다. 그런 맥락에서 의사나 간호사들은 환자에게 질병 예방이나 건강 증진과 관련된 메시지를 전하려고 할 때 어떻게 이야기해야 할지에 대해 고민해 봐야 한다. 우리 속담에 '같은 말이라도 아 다르고 어 다르다'는 말이 있다. 투명한 컵에 반쯤 물이 담겨 있을 때 물컵에 대한 사람들의 반응은 둘로 나뉜다. '물이 반이나 남았네'라는 반응과 '물이 반밖에 없네'라는 반응으로, 우리는 처음 반응에서 긍정적인 느낌을, 후자의 반응에서는 부정적인 기분을 느낀다. 이처럼 동일한 사건이나 상황에서도 어떤 표현이나 방식을 제시하느냐에 따라 사람들의 선택과 생각이 달라질 수 있는 현상을 심리학에서는 '프레이밍 효과framing effect'라고 한다. 인식의 틀인 프레임frame이 긍정적이냐, 부정적이냐에 따라 판단이나 선택이 변하는 현상을 의미하는 것이다.

대화에서 영향을 크게 미치는 프레임 중 하나가 긍정과 부정 프레임이다. 같은 내용이라도 긍정적으로 표현되는가, 부정적으로 표현되는가에 따라서 사람들은 다른 선택을 한다. 노벨경제학상 수상자 리처드 탈러와 캐스R. 선스타인은 『넛지』에서 프레이밍 방식에 따라 환자들이 수술 상황에서 어떻게 선택이 바뀌는지를 소개한다.

병에 걸려 수술을 앞둔 환자가 의사에게 생존 가능성을 묻는다. 그때 의사가 '지금까지 이 수술을 받았던 환자들 100명 중에서 90명이 수술 후 5년을 더 살았습니다.'라고 긍정적인 프레임으로 설명하면 환자는 비교적 안도하면서 수술받는다. 그러나 '100명 가운데 10명은 5년 이내에 죽었습니다.'라고 부정적인 프레임으로 설명하면 불안에 떨며 수술받기를 주저할 가능성이 높다. 사실 100명 중 90명이 산다는 것은 10명이 죽는다는 것과 같은 말이다.

단지 언어를 재구성해서 프레임을 바꾼 것뿐인데 이렇게 판단에 영향을 미친다.

이처럼 동일한 내용이라도 어떤 프레임으로 설명하는가에 따라 선택은 크게 달라진다. 따라서 중요한 판단을 할 때는 프레임에 따라 편향된 판단을 할 수 있기 때문에 여러 프레임으로 살펴본 다음에 판단해야 한다. 수술의 예에서 긍정적 프레임만으로 설명을 듣고 판단하게 되면 수술로 인한 부작용을 간과할 수도 있다.

예컨대, 노인이 척추 수술을 해야 하는 경우, 수술로 인한 후유증을 극복하지 못하고 위험에 처할 수 있다. 반대로 부정적 프레임으로만 보면 수술해서 회복할 수 있는 기회를 놓칠 수도 있다. 그래서 긍정과 부정 프레임 둘 다를 가지고 판단하면 훨씬 더 좋은 결정을 내릴 수 있다. 다른 사람들을 설득하려면 그들이 잘 받아들일 수 있는 프레임을 사용하는 것이 좋다. 똑같은 메시지도 어떻게 프레이밍 하느냐에 따라 다른 효과를 기대할 수 있다는 것이다. 가령 '담배를 끊지 않으면 폐암에 걸릴 확률이 높아진다'는 말과 '담배를 끊으면 폐암에 걸릴 확률을 줄일 수 있다'는 말은 사실 같은 내용을 담고 있지만, 앞의 것은 부정적인 측면<sub>폐암 걸릴 확률이 높아지는 것</sub>을 강조하는 소위 '손실 프레임'으로 쓰인 것이고 뒤의 말은 긍정적인 측면<sub>폐암 걸릴 확률이 줄어드는 것</sub>을 강조하는 '이득 프레임'을 바탕으로 한 것이다.

그렇다면 의사가 환자에게 건강 메시지를 전달할 때, '이득 프레임'과 '손실 프레임' 가운데 더 효과적인 것은 어느 쪽일까? 예를 들어 흡연자인 환자에게 금연 권고를 할 때, 담배 끊었을 때 얻는 이득을 이야기하는 게 좋을까 아니면 담배를 끊지 않았을 때 잃어버릴 것들에 대해 강조해서 이야기하는 게 좋을까? 기존 연구 결과들을 토대로 결론부터 말하자면 대체적으로 손실 프레임보다는 이득 프레임이 더 효과적이다. 사람들에게 금연에 대해 말할 때 '담배 끊지 않으면 암, 심장질환, 뇌졸중에 걸릴 확률이 높아져서 치명적인 건강 문제가 생길 수 있어요'라고 말하기보다 '담배 끊으시면 암, 심장질환, 뇌졸중에 걸릴 가능성이 줄어들어서 건강에 아주 좋아요'라고 말하는 게 더 효과적이라는 뜻이다.

그런데 긍정적인 면을 강조하는 이득 프레임이 모든 상황에서 효과적일까? 꼭 그렇지는 않다. 어떤 프레임이 더 효과적일지는 메시지가 담고 있는 행동의 성격에 따라 달라진다. 미국 미네소타대학교의 로쓰만 교수는 대체로 금연, 운동, 다이어트 등과 같이 예방 행동을 권장하는 메시지는 이득 프레임이 더 효과적인 반면, 건강검진, 암검진 등의 행동을 권장하는 메시지는 손실 프레임이 더 효과적이라고 말한다. 의사가 환자에게 암검진에 대해 권고할 때는 앞에서 말한 금연 메시지와는 달리 검진을 정기적으로 받지 않을 때 어떤 부정적 결과가 나타날지 조기 진단 실패 등에 대해 이야기하는 것이 검진의 유익성을 이야기하는 것보다 더 효과적이라는 것이다.

어떤 프레임이 더 효과적일지는 환자의 상태에 따라서도 영향
받는다. 예를 들어 특정 건강 문제에 대해 평소에 걱정이 많았던
사람들에게는 손실 프레임이 더 효과적이고, 그렇지 않은 사람
들에게는 이득 프레임이 더 효과적일 수 있다. 예를 들어 치실 사
용을 권장하는 메시지의 경우, 평소 자기 치아 건강에 대해 걱정
이 많았던 사람들에게는 손실 프레임이, 치아 건강에 대해 별생
각이 없던 사람들에게는 이득 프레임이 더 효과적이었다.

우리가 고객에게 하는 질문의 방식은 프레이밍 효과로 돌아오
는 답변뿐 아니라 고객의 행동도 달라지게 할 수 있다. 예를 들
어 '제품과 관련된 경험은 어땠습니까?' 같은 중립적인 질문이나
'개선할 점이 있었습니까?' 같은 부정적인 질문을 하면 고객에게
더 많은 정보를 얻을 수 있는 장점이 있다. 또 '우리 상품에서 가
장 마음에 드는 점은 무엇입니까?'처럼 긍정적인 질문을 하면 매
출을 더욱 높일 수 있다는 연구 결과도 있다.

다시 강조하지만 의사들의 말 한마디가 환자들의 삶에 미치는
효과는 지대하다. 의사들이 프레이밍 효과에 대한 원리를 토대로
환자들에게 전략적으로 말을 건다면, 그 효과는 더 커질 것이다.

## '3분 진료'가 문제일까?

앞서 사례로 언급한 것처럼 필자의 어머니는 16년째 파킨슨병을 앓고 있다. 이젠 주변 도움 없이는 외출할 수 없고 휠체어로 이동하며 하루에 다섯 번 정해진 시간에 약을 복용해야 한다. 어머니는 처음 진단을 받고 두 번의 주치의를 거쳐 지금의 이화여자대학교 의과대학 부속 서울병원의 신경과 윤지영 교수에게만 10년 넘게 진료를 받고 있다. 갈 때마다 항상 웃으며 먼저 인사하는 윤 교수는 '어머님 좀 어떠셨어요?', '이번에 바꾼 약은 어떠세요?', '밤에 환청이 들리거나 환상이 보이진 않으세요?' 등과 같이 안부를 항상 묻고 어머니가 고집을 부리는 일들에 대해서는 좋은 점과 나쁜 점, 위험한 상황을 예방하는 말로 진료를 진행했다. 어머니의 몸이 급격히 쇠약해지고 코로나가 극성을 부려 필자가 대리처방을 받으려고 병원에 방문하게 되었을 때는 진료실 문을 열고 들어갈 때마다 웃으며, '안녕하세요.'라고 먼저 인사를 건넸다. 자리에 앉으면 '보호자 분 오랜만에 뵈어요. 어머님은 좀 어떠세요?'라며 안부를 묻고, 진료를 마치고 나갈 때도 언제나 '보호자 분 안녕히 가시고, 어머님께 안부 전해 주세요.'라고 한다.

그래서인지 윤 교수는 환자가 많아도 너무 많다. 예약을 해도 대기시간이 30분~1시간은 기본이고 대기실엔 앉을 의자도 없다. 그런데도 필자는 처방을 받으러 가서 화가 나거나 대기시간에 불만이 생긴 적이 단 한 번도 없다. 뿐만 아니라 윤 교수 진료실에서 대기시간에 대해 컴플레인하는 다른 환자의 경우를 본 적이 없다. 환자를 대할 때 항상 웃고 힘을 내셔야 한다며 잘 버텨주고 있다고 칭찬하는 윤 교수를 만나고 나면 무언가 용기와 희망이 생긴다. '어머님, 많이 힘드시죠? 힘드신데도 어머님 너무 잘하고 계세요.'라는 긍정적인 메시지와 미소가 어머니가 힘을 내게 해준다는 생각이 든다.

윤지영 교수가 진료를 보는 환자는 어림잡아 몇천 명이 되지 않을까 싶다. 그 많은 환자를 당연히 다 기억하지 못하겠지만 진료실에 있는 3분에서 5분만큼은 특별히 나만을 기억해준다는 느낌을 받는다. 병원이라는 공간에서 진료실의 차가운 공기 속에서 마주했을 때만이라도 그 몇 분의 감정의 온도가 몇 달을 살게 하고 몇 년을 더 살아가게 하는 따뜻한 온도가 되리라 생각한다.

또한 이런 서비스와 공감 능력이야말로 병원 고객관리의 핵심으로 병원 수익성을 개선하는 훌륭한 마케팅 기법이라 할 수 있다.

장정빈 교수가 아들의 친구인 가정의학과 의사와 잠시 얘기를 나눈 적이 있다. 아파트 단지에 병원을 개업했는데, 아직 환자가 많지 않아 걱정이라는 것이다. 장 교수가 의사에게 물었다. "가정의학과를 영어로 뭐라고 하나?", "패밀리 메디신family medicine

입니다." 의사가 대답했다. "그럼 패밀리답게 환자나 환자 가족의 신상을 꿰고 있는가?" 장 교수가 되물었다. 장 교수가 이렇게 되물은 이유는 가정의학과 의사는 현재 질병이나 불편한 증상의 유무와 관계없이 전 연령에 걸쳐 환자와 그 가족에게 개별적이고 지속적이며 포괄적인 의료를 제공하는 것이 특징이기 때문이다. 따라서 의사는 환자와 친밀하고 신뢰 있는 관계를 형성하면서 종합적인 건강상의 요구를 다뤄주는 것이 책임이고 경쟁력이 되는 것임을 깨닫게 해주고 싶어서였다.

세이노가 쓴 『세이노의 가르침』이란 책에서 한 소아과 의사가 저자에게 '양심을 속이지 않고 돈을 더 벌 수 있는 법'에 대해 묻자, 저자가 해준 대답이 무척 인상적이었다. "당연히 환자가 몰려들면 된다. 그렇다면 아줌마들에게 인기 있는 '의사 선생님'이 되려면 어떻게 해야 할까? 소아과 환자가 오면 그 보호자에게 남편의 직업이나 가족 관계 같은 개인적인 사항들을 물어본다. 애들에게도 이것저것 물어보아라. 그리고 진료 기록에 자기만 알아볼 수 있는 문체나 영어로 그 내용을 기록해 놓아라. 그리고 그 환자가 다시 오면 그 내용을 보고 '남편이 이러저러한 일을 하신다고 하셨지요? 요즘은 어떠세요? 둘째 아이는 요즘 어떻습니까?'라고 물어보라. 말을 많이 하면서 관심을 적극적으로 보이라는 말이다. 그렇게 1년만 해보라. 수입이 증가한다."

그런데 우리나라 병원 의사들은 3분 진료로 유명하다. 한국은 OECD 국가 중 인구수 대비 적은 의사 수를 갖고 있으면서도 최고의 의술을 갖고 있기 때문이라고 분석한다. 즉 '효율성 cost effectiveness'이 높다는 것이다. 개개인 의사들의 숙련도가 높기 때문에 더 잘하면서도 더 빠르게 할 수 있다고 자랑한다. 그러나 이는 자랑이 아니라 부끄러워해야 할 일이다. 3분 안에 진료를 마치려면 의사들은 환자들의 증상에 대해 충분히 귀 기울일 수가 없다. 환자의 이야기는 흘려듣고 진찰이나 검사 결과를 더 중시한다. 우리나라 의사들은 진료 시간 중에 환자와 눈을 마주치는 '아이 컨택eye contact'은 거의 하지 않고 컴퓨터 모니터만 뚫어지게 쳐다본다. 의사 못지않게 환자들도 '3분 진료' 문화에 익숙하다. 환자들은 의사가 3분 이내에 진료를 모두 끝낼 수 있도록 진료실 밖에서 순서를 기다리며, 자신의 증상을 짧게 설명하기 위해 준비한다. 1분 이내로 짧게 설명해야, 의사가 진찰이나 검사 지시를 하는 시간으로 쓰는 1분과 환자에게 설명하는 시간 1분을 합쳐서 3분 이내에 모든 진료를 받을 수 있기 때문이다. 환자가 진료실에 들어가 짧게 설명하고 있는데도 인내심 부족한 일부 의사들은 더 들을 필요가 없다는 표정으로 환자의 말을 도중에 끊어 버린다. 그리고는 컴퓨터 모니터를 보면서 일사천리로 약 처방과 검사 지시를 하고, 간호사는 다음 차례 환자를 부른다. 환자는 진료실 문을 열고 나온 뒤에서야 며칠 동안 궁금해 꼭 물어보고 싶었던 내용이 번갯불처럼 떠오른다. 그제야 간호사에게 의사 선생님을 다시 만나게 해 달라며 사정하는 것이다. 진료실에서 진료 시간은 충분하게 보장되어야 하고, 환자의 경험을 잘 청취하는 병원 문화가 조성되어야 한다. 그래야 환자와 의사는 서로를 더욱 신뢰하고, 불필요한 치료와 검사도 줄일 수 있고, 의료 분쟁 또한 대폭 감소하기 때문이다.

그렇다면 진료 시간을 3분 이상으로 늘리면 환자의 만족도는 어떻게 달라질까?

'3분 진료'를 깨려는 시도로 심층 진찰 즉 '15분 진료' 시범사업이 있었다. 이는 10~15분 진찰이 원칙인데, 보건복지부 통계 자료에 의하면 2018~2020년 전국 25개 상급종합병원의 의사 361명이 환자 2만 3072명 진료 심층 진료를 받은 환자의 만족도를 1~5점 척도로 조사한 결과, 진찰 과정에 대한 점수가 3.95점으로 상당히 높았다. 환자가 들고 온 기록을 상세히 검토(4.17점), 병력 청취(4.07점) 부문에서 높은 점수가 나왔다. 시간의 여유가 있으니 의사는 그 전 병원의 기록을 꼼꼼히 살펴보고, 언제부터 어떻게 병을 앓았는지 환자의 말에 귀를 기울일 수 있었던 것이다.

'3분 진료'의 문제점이 단순히 3분이라는 시간에 있다고만 생각하지 않는다. 종합병원, 상급종합병원의 초진의 경우는 다른 병원의 진료 기록을 상세히 검토하고 병력을 자세히 묻고 기록해야 하는 시간이 필요하기에 상대적으로 더 긴 시간이 필요하다. 필자의 어머니는 정기적인 약물 처방을 받는 것이기에 진료

시간이 3~5분 내외지만 많은 환자들을 진료하며 다소 지쳐 보이는 주치의의 모습을 볼 때면, 앞 차례 환자의 진료 시간이 많이 길어지더라도 내가 되려 의사를 걱정하며 어머니의 진료 시간이 짧은 것이 이해되기도 한다. 어머니 진료 때 최선을 다한 모습을 보았으니까. 그러나 전자 차트 입력에 몰두한 나머지 컴퓨터 모니터만 바라보느라 환자를 제대로 쳐다보지 않는 의사와 3분 진료를 할 때면 도대체 누구와 대화를 하고 있는가라는 생각이 들 때가 많다.

의료 서비스는 다른 어떤 서비스보다 환자의 심리와 감성에 대한 섬세한 터치가 중요한 분야다. 환자를 섬세하게 배려하는 것에서 출발해야 하며 그래서 공감 능력이 무엇보다 중요하다. 하지만 우리나라의 의료현장을 보면 온통 물리적 치료에만 초점을 두고 있다. 변하지 않는 사실 두 가지는 환자들은 통증이 심하고 몸이 아파서 병원에 온다는 것과 의사는 환자를 감성으로 보듬고 이성으로 치료해야 한다는 것이다. 고객이 평가하는 구매 조건에는 제품이나 서비스 외에 경험이라는 무형의 가치가 포함된다. 반드시 경험이 제품과 서비스와 함께 판매된다. 환자들은 질병 치료에 대해서만 치료비를 지불하는 것이 아니다. 의사와 간호사에게서 받은 느낌과 분위기를 더해 치료비의 적정성을 따진다. 이에 만족하는 환자는 치료비가 비싸도 문제 삼지 않는다.

# 환자의 고통을 공감하는 의료인

> "궁극적인 목적은 돈 아닌가요? 지금 우리 원장님이 환자에게 가서
> 아이고 죄송합니다라며 사과라도 하라는 건가요? 하하하"

복강경 수술로 유명한 강남의 한 병원에서 의료사고를 주장하
는 환자의 변호사와 병원 관계자의 통화 내용이 한 기사에 실렸
다. 복강경을 이용한 시술로 20분 만에 끝난다는 간단한 탈장 수
술을 받기 위해 입원한 2세 아이의 수술 중 내시경 집게의 한 부
분이 부러지는 사고가 발생하자 부러진 집게 조각을 찾기 위해
개복수술을 진행했고 2시간 넘는 긴 수술 끝에 결국은 자석을 이
용해 무사히 찾게 되었다.

그런데 병원 측에서 내놓은 대답이 너무나 황당하다.

수술 중 부러진 집게를 찾기 위해 2시간 넘게 개복수술을 했지
만, 찾지 못해 자석으로 찾아냈고 이것은 모래밭에서 금반지 찾
기나 마찬가지일 정도로 어려운 일인데 잘 찾았다고 대수롭지
않게 설명하며 병원장을 칭찬하는 간호차장의 말은 보호자를 분
개하게 만들었다.

"우리 원장님이 얼마나 놀라셨겠어요. 어려운 건데 원장님이
어떻게 자석으로 찾아낼 생각을 하셨는지 모르겠어요."

게다가 갑작스러운 개복수술이었음에도 의사는 물과 음료, 죽

을 섭취하라는 것 외에 별다른 조치 없이 퇴원을 지시했다. 하지만 하루가 지나 아이의 배가 돌처럼 딱딱하게 부풀어 오르며 복통을 일으켜 다른 병원 응급실을 찾으니 마비성 장폐색이라는 진단이 나왔다. 아이의 부모가 수술 병원을 상대로 제대로 된 사과를 요구하자 병원 행정실장의 황당한 답변이 바로 돈을 원하는 게 아니었냐는 것이다.

필자는 여기서 의료과실이나 사고 여부를 따져보자는 것이 아니다. 병원과 환자와의 상호 관계에서 발생할 수 있는 상황에 대한 핵심을 짚어볼 필요가 있기에 사례를 활용하게 되었음을 이야기한다.

먼저, 의사는 하루에도 몇 번, 그리고 지금까지 수백 번은 해봤을 복강경 탈장 수술이었을 것이다. 간단한 수술이었기에 무난히 진행하리라 믿어 의심치 않았을 것이다. 운이 나쁘게도 늘 사용하던 내시경용 집게가 하필 2세 아이 뱃속에서 부러지리라고 상상이나 했을까? 항상 긴장의 끈을 놓지 않고 수술 전 모든 수술 장비와 도구를 세팅했겠지만 예측할 수 없는 일이 발생한 것에 의사도 당황스러웠을 것이다. 집게를 꺼내기 위해 개복을 하고 이리저리 찾았을 것이고 나중에 자석을 이용해 꺼내느라 2시간 동안 생각지도 못한 시간을 보내며 최선을 다했을 것이다. 그러니 보호자에게 모래밭에서 금반지 찾는 것처럼 그 어려운 일을 내가 해냈다는 말을 하며 어쨌거나 수술이 잘 끝났으니 걱정하지 말라고 하는 것이다. 즉 의사의 입장은 '부러진 기구 탓에 내가 어렵게 그것을 찾느라 너무 고생하였고 그래서 시간이 걸렸다'이다.

그렇다면 수술실 밖에서 아이의 수술을 기다린 보호자의 입장은 어떠할까?

20분이면 끝난다던 수술은 2시간을 넘겼다. 그러나 그 누구도 갑자기 시간이 길어지는 것에 대한 안내가 없었다. 개복했다는 사실조차 모른 채 시간이 지체되고 있었으며 수술실 밖에서 초조하고 불안하게 기다렸을 보호자의 속은 새까맣게 타들어 가고 있었을 것이다. 혹여나 아이에게 무슨 일이 발생한 것은 아닌지 수술이 잘못되어 아이가 위독한 것은 아닌지 왜 이리 시간이 걸리는지 알려주는 이가 없으니 불안감은 커갔겠지만 그래도 의사를 믿고 기다렸을 것이다. 수술 후에 보호자는 집도의에게 아이의 수술 결과는 어떠한지, 그리고 왜 수술이 길어져야 했는지에 대한 상세한 설명을 기대했을 것이다.

'탈장 수술은 잘 되었으나 수술 중 갑자기 문제가 생겨 아이의 위험한 상황을 먼저 해결하느라 보호자의 동의를 먼저 구할 수 없었고, 본의 아니게 큰 걱정을 끼쳐드렸다. 개복으로 인한 자국이 생겼으며 이는 차차 회복될 테니 너무 염려하지 않으셔도 된다. 무엇보다 아이가 잘 견뎌줘서 수술은 무사히 잘 끝났다. 밖에서 기다리시느라 보호자 분 걱정이 많으셨을 것 같다. 미리 설명

못 해 드려서 죄송하다'고 말이다.

그러나 인터뷰를 보면 병원 관계자들이 환자와 보호자의 입장에서 내놓은 답변은 단 한 가지도 없다는 것을 알 수 있다. 집도의는 그 어려운 수술을 내가 해냈다는 입장이었고, 간호차장은 어떻게 자석으로 찾을 생각을 했는지 너무나 대견하다는 반응뿐이었다. 수술을 받은 2세 아이에 대한 걱정과 보호자의 입장에서 어떠하였을지, 불안했던 심정에 대해 공감하며 고민하는 말은 단 한마디도 없었다는 것이 이 사례의 특징이다. 집게가 부러진 원인을 의사의 잘못으로 몰아서 문제를 해결하고자 하는 것이 아닐 텐데, 병원 측의 대응은 잘못을 덮으려는 변명뿐이라는 생각이 들었다. 나도 아이를 키우는 입장이라 그런지 크게 감정이입이 되며 분노가 일었다.

게다가 수술 후 미비한 조치로 인해 발생한 것으로 짐작되는 마비성 장폐색으로 아이가 병원에 입원하는 일이 발생했으나 이에 대해서도 집도의는 본인의 수술과는 무관하다고 일축했다.

더 이상의 피해자가 나오지 않길 바라는 마음에 보호자는 소송을 진행하는 동시에 진정성 있는 사과를 병원 측에 요구하였지만 '집게가 뱃속에 있었다면 의료 사고지만, 꺼냈기 때문에 병원은 잘못이 없다'라는 입장을 내 비췄다. 특히 '사과라도 하라는 건가, 돈이 목적이어서 그런 것 아니냐'는 행정실장의 비아냥거리는 말투와 태도는 너무나도 충격이었다.

결국 보호자는 방송국을 통해 사건을 공론화하였고 사실이 외부에 알려지자 그제야 원장은 자신의 잘못을 인정하며 보상해주고 원한다면 사과도 하겠다고 전달하였으나 이게 진정으로 사과하는 태도일까 하는 의구심이 들었다.

보통 정치인, 전문가, 의사들은 일종의 강박관념을 갖고 있는 경우가 많다. 그 대표적인 것 가운데 하나가 약한 모습을 보여서는 안 된다는 생각이다. 그러나 회사의 실력 있는 리더나 의사에게도 약점이 있고, 실수가 있을 수 있다, 자신의 실수나 잘못 앞에서 리더나 의사는 어떻게 커뮤니케이션해야 할까? 아래는 「뉴욕 타임스」 2008년 5월 어느날 기사 내용이다.

미국 일리노이 대학병원 종양외과장인 다스 굽타 박사는 2006년, 40년 의사 경력에 최대의 위기를 맞이하였다. 환자의 아홉 번째 갈비뼈에 있는 조직을 떼어내야 하는 것을 여덟 번째 갈비뼈에서 떼어내는 엄청난 실수를 저지른 것이다. 당연히 환자가 알면 난리가 날 사고였다. 하지만 그는 병원 측 변호사가 들었다면 귀를 의심할 법한 대응을 했다. 그는 환자와 환자의 남편에게 직접 찾아가서 '제가 어떠한 변명도 할 수 없습니다.'라고 말하고는 자신의 실수를 솔직히 인정하고 진심 어린 사과를 전했다.

피해 환자와 그녀의 남편은 의사를 고소하지 않고 병원 측과 우리 돈 8천여 만원에 이르는 배상금을 받는 것으로 화해했다.

만약 환자가 의사를 정식으로 고소하게 되면 수억 원의 배상금을 받을 수 있는 상황이었다. 피해자 부부는 의사인 굽타 박사가 모든 점에서 솔직하고 투명하게 자신의 잘못을 이야기해주었으며 그 순간 놀랍게도 분노가 사라졌다고 말했다. 실제 일리노이 대학병원에서 발생한 의사의 실수로 환자에게 해를 끼친 사건에서 병원 측과 의사가 자신의 실수를 환자 측에게 솔직하게 인정한 사례 37건 중 환자 측이 고소한 경우는 놀랍게도 단 1건에 그쳤다. 이는 실수나 잘못 앞에서 리더의 진정 어린 사과가 가져오는 효과를 잘 보여준다.

하버드, 스탠퍼드, 미시간, 버지니아 등 미국의 주요 종합병원들은 중심으로 의료사고가 발생했을 때 자신들의 실수나 잘못을 빠르게 인정하고 공개하며 진심 어린 사과와 함께 보상책을 제시하는 '진실 말하기disclosure' 프로그램을 실행하고 있다. 이는 위기 상황에서 진정성 의사의 리더십을 실천하는 훌륭한 프로그램이기도 하다.

다음으로 국내 사례를 살펴보자.

모 방송국에서 방영한 「실화탐사대」라는 프로그램에서는 백내장 수술 후 발생한 감염병 사건을 주제로 다루었는데, 여기에 출연한 정석원 안과전문의는 본인의 얼굴과 이름을 모두 공개하면서 심각했던 사연을 소개했다. 이 안과에서 백내장 수술을 한 환자에게 극심한 통증과 함께 작은 불빛만 봐도 검은 점들의 벌

레가 기어가는 듯한 증상이 나타나는 정체불명의 감염병 증상이 나타났다. 그는 첫 번째, 두 번째 환자가 발생했을 때 심한 자책을 했으며 혹시 병원 내 감염인가 싶어 소독에 심혈을 기울였다고 한다. 그런데도 세 번째 감염 환자가 발생했고 누군가의 아버지고 가족이고 이웃일 텐데 나에게 수술받은 분의 상태가 나빠져서 말할 수 없는 자책감에 빠졌다고 하였다. '평생 선택의 후회가 없었는데, 이번 선택은 너무 후회스럽다'고 말하는 세 번째 감염 환자의 이야기에 수술방 간호사도 울고 이야기를 담담히 전달하던 의사도 눈물을 글썽였다. 나중에 식품의약품안전처에서 밝힌 바로는 한 제약회사의 주사제에서 발생한 곰팡이균 때문으로 보상 절차를 진행 중이라고 했다.

필자는 여기서 환자의 입장에서 공감하는 이 안과의사의 태도를 말하고 싶다. 누군가의 아버지이고 가족이고 이웃일 텐데 나에게 수술을 받고 상태가 나빠졌다는 것에 자책하고, 신뢰와 믿음에 안타까운 결과를 가져다준 본인을 책망하는 그 마음 말이다. 방송에 나온 인터뷰는 길지 않았지만 울먹이며 말하는 짧은 몇 마디에도 평소에 환자와 직원을 대하는 마음이 어떠할지가 고스란히 전달되는 듯했다. 함께 수술을 진행한 수술방 간호사가 그 자리에서 함께 운 것만 봐도 말이다.

의료 서비스는 다른 어떤 서비스업보다 환자의 심리와 감성에 영향을 미치는 분야다. '환자경험'에 긍정적인 영향을 주기 위해

도입한 수많은 디지털 장비들이 있다고 해도 사람의 역할이 더욱 선명하게 나타나는 분야다.

CS라는 말은 지금까지 '고객만족Customer Satisfaction'으로 통용되었다. 그러나 이제부터는 CS를 '고객공감Customer Sympathy'이라는 의미로 받아들여야 한다. 공감력이 CS의 원천이자 유일하게 남아있는 차별화된 경쟁력이기 때문이다. 2세 아이 복강경 수술의 경우는 의료진의 아주 작은 공감마저도 느낄 수 없었던 씁쓸한 사례이다.

의사나 병원이 자신의 실수나 잘못 앞에서 취해야 할 행동은 크게 세 가지로 요약할 수 있다. 실수나 잘못의 투명한 공개, 진심 어린 사과, 그리고 개선책의 제시다.

# 공감의 첫 단추, 따뜻한 언어의 표현

## 병원 문 앞을 지키는 테러리스트와 주인 맹구

직원 : 그러니까 대기시간 길다고 처음부터 말씀드렸잖아요.

환자 : 그렇게 통보하듯이 무조건 기다리라는 말만 던져놓고 1시간 반 동안 기다리는데, 계속 다른 안내는 하지도 않고 낄낄 희희덕거리며 노닥거릴 시간은 있는 거냐고? 처음에 안내했다고 말하면 다야? 일 그딴 식으로 하지 마. 당신들!

직원 : 그렇게 반말하지 마세요! 저희도 귀한 집 딸이거든요!

환자 : 에잇! (하고 병원 밖으로 나갔다)

직원 : (대기실에 대기 중인 환자들을 향해 보면서) 정말 너무 심하지 않아요? 뭐 저런 이상한 사람이 다 있죠?

이 병원에 처음 왔을 때, 데스크의 첫 이미지는 정말로 별로였다. 세 명의 직원이 앉아서 사람이 들어오든 말든 환자가 데스크에 가까이 다가오기 전까지 모니터만 뚫어지게 쳐다보다 본인들 앞에 서야지만 무표정한 얼굴로 눈만 위로 치켜뜬 채 '접수하실 거예요?', '성함이요?'라고 묻던 첫 이미지가 아직도 선하다. 보자마자 여긴 아닌가 보다 생각했는데 친절하게 치료해준 병원장과 뭉치고 아픈 근육의 위치를 정확히 짚어내는 물리치료사의 도수치료 때문에 10여 차례나 더 방문하게 되었다. 치료를 받으면서도 항상 처음 접수와 마지막 결제 때 기분이 나빠지는 경험을 하면서 '나야 참지만, 이러다 큰일 한번 나지'라는 생각이 든 적도 있었다. 접수 때도 매번 초진인지 재진인지를 묻고 생년월일과 이름이 어떻게 되냐고 확인하는 절차가 내규라 하더라도 먼저 기억해줄 수는 없을까 하는 아쉬움이 들기도 했다. 어느 직원은 접수부터 먼저하고 주차 확인은 모든 치료가 끝나면 다시 데스크에 들러서 확인하라고 하고, 어느 직원은 끝나고 한꺼번에 하라고 하기도 하고 일관성이 없었다. 게다가 안내하는 말투도 항상 툭툭 던지듯, 청유나 '쿠션언어'가 생략된 통보식이었다. '대기하셔야 해요!', '갔다 오셔서 다시 말씀하세요!', '물리치료실 가셔서 치료받으세요!' 같은 말투 말이다. 하루 진료비만 17만 원 가까이 되는데 그래도 원장님 뵙고 물리치료 잘 받으면 됐다 하는 마음으로 꾸역꾸역 가기를 십여 차례, 그날은 왠지 대기실에 환자가 북적였고 대기하는 동안 위와 같은 일이 벌어진 것이다.

옛날 어느 주막에 주인의 말을 아주 잘 듣는 개 한 마리가 있었다. 그 개는 낯선 사람들에게는 무척 사나웠지만, 주인은 그 사실을 까마득히 모르고 귀여워했다. 그런데 하루가 지나고 이틀이 지나도 손님은커녕 개미 한 마리 얼씬거리지 않는 거였다. 주막에 손님이 없으니 술은 팔리지 않고, 막걸리처럼 누룩을 발효시켜 만든 술은 시간이 지나자 곧 쉬어 버렸다. 사나운 개가 으르렁거리며 문 앞을 지키고 있으니 손님이 없는 것은 당연한데도 주인은 오지 않는 손님만 탓했다는 얘기다.

이것을 구맹주산拘猛酒酸이라고 한다. '개가 사나우면 술이 쉰다'는 말이다. 주인에게는 더할 나위 없이 충성스러운 개였지만, 손님을 내치는 사나움을 맹구 같은 멍청한 주인이 알 리가 없다.

퉁명스러운 안내와 불친절 그리고 긴 대기 시간으로 불편함과 불만을 느끼는 환자들에게 직원들은 관심을 가지고 해결 방안을 모색해야 한다.

그러면 고객처럼 생각하려면 어떻게 해야 할까? 먼저 자신의 신발을 벗어야 한다. 남의 신발을 신으려면 우선 내 신발부터 벗어야 한다. 장정빈 교수가 외국계 은행에 근무할 때 「역지사지易地思之 세션」이라는 세미나를 기획한 적이 있다. 말 그대로 우리 부서가 아닌 다른 부서의 입장에서, 본부가 아닌 지점 직원의 입장에서, 그리고 회사가 아닌 고객의 관점에서 내가 어떻게 생각하고 실천해야 하는지를 '체험'을 통해 느끼게 하려는 의도였다. 예를 들어 '마케팅팀에 바란다'는 지점 직원들의 목소리를 직접 들려주고 마케팅팀 직원들이 이를 어떻게 반영할 것인지를 논의하는 세미나였다. 장정빈 교수는 이를 은행장에게 보고하는 과정에서 '역지사지'가 'take off your shoes, put on other's shoes'라고 번역된 걸 보았다. 참 적절한 번역이었다. '다른 사람의 신발'을 신고 내가 직접 걸어 보아야 상대방의 심정을 제대로 헤아릴 수 있다. 다른 사람의 신발을 신어보려면 먼저 자신의 신발부터 벗어야 한다, 내 신발을 벗고 다른 사람의 신발을 신어봐야 어디가 이상하고 불편한지를 깨닫게 된다. 그래야 나의 부족함을 깨닫고 고객의 생각이 흐르는 회로를 설계할 수 있다.

그러나 우리는 편견과 선입견에서 쉽게 벗어나지 못한다. 특히 자신의 직업일수록 그 누구도 '지식의 저주'에서 자유롭지 못하다. '지식의 저주'는 본인 자신에게는 너무 익숙한 것이라서 다른 사람도 당연히 알고 있을 거라 생각하는 데서 발생하는 문제다. 한 업종에서 오래 근무한 직원일수록, 아는 것이 많은 사람일수록 '지식의 저주'에 더 빠지기 쉽다. 자신에게는 너무나 익숙한 것이기 때문에 상대하는 고객도 알고 있을 것으로 착각하는 것이다. 익숙한 것을 낯설게 보려면 고객의 관점으로 경험해 보는 것이 중요하다. 명지병원은 의료진이 환자가 되어 보는 역지사지 프로그램을 실시한 적이 있다. 환자 등록부터 진료, 검사, 수납, 입원까지 환자들이 병원에 와서 겪어야 하는 모든 과정을 체험하는 프로그램이다. 병원에 처음 온 사람의 관점에서 보면 모든 것이 다르게 보이게 마련이다.

예약 환자와 당일 접수 환자를 모두 수용하는 시스템을 가진 병원에서 근무했을 때, 대기가 길어질 수밖에 없는 상황이 생기면, 데스크의 직원들은 항상 분주했다. 데스크에서 대기실 환자들을 예의 주시하며 대기시간을 체크했고, 원래 안내했던 대기시간보다 길어지는 경우가 발생하면 환자 한 명, 한 명에게 다가가 "아까 말씀드린 시간보다 시술이 길어져 대기시간이 조금 더 발생했습니다. 미리 양해 부탁드리려고요."라며 안내했다. 허리를 깊이 숙여 환자와 눈높이를 맞추거나 무릎을 구부려 환자보다 한참 아래에서 올려다보며 미안한 표정을 지으며 안내를 할 때면 환자들은 그런 직원들에게 괜찮다며 이내 같은 웃음을 보여준다. 물론 다 그런 것은 아니다. 간혹 짜증을 내기도 하고, 한숨을 내쉬는 환자도 있었다. 하지만 그럴 때마다 직원들이 "기다리시는 동안 음료나 차 좀 준비해 드릴까요?"라고 물으면, 환자들도 음료 대접을 받으며 감사하다고 말해주거나 혹은 괜찮으니 기다리겠다며 멋쩍은 웃음을 보여주기도 했다. 진료가 끝나고 수납할 때도 직원들은 환자에게 먼저 이야기했다. "오늘 너무 오래 기다리시느라 힘드셨죠? 다음에 오실 땐 저희가 꼭 신경 더

써 드릴게요. 양해해 주셔서 너무 감사드려요."라고 하면, 환자들도 "아, 아니에요, 괜찮아요."라든가, 같이 웃으며 "그럴 수도 있죠. 뭐."라고 대답했다. 수납할 때 화를 내는 환자들을 거의 볼 수 없었다. 병원에서 제대로 안내하지 않는 진료 대기시간의 지체는 환자를 더욱 불안하게 만드는 요소임을 잘 아는 직원들의 환자들을 안정시키려는 노력이 환자들에게 그대로 전달되는 것이다. 직원이 환자를 존중하면 환자 역시 직원들을 존중한다.

"다른 병원도 한번 가보세요."

치아 교정을 위해 방문한 치과에서 진료를 받는데 병원장이 계획에 없던 시술을 추가로 꼭 해야 한다며 상담을 받으라며 추가 비용을 내라고 하니 짜증이 밀려왔다. 원래 치료 계획이었던 1년이 넘어 이제 브라켓교정을 위해 치아 표면에 붙여놓는 교정 장치만 떼어내면 된다고 생각했는데 계속 추가할 것이 생기니 듣기만 해도 한숨이 나와 직원에게 이게 꼭 필요한 시술인 건 맞느냐, 꼭 해야 하는 것이냐, 원장님 제대로 하시는 게 맞느냐고 물었다. 그런데 직원이 조용하고 낮은 목소리로 귓속말하듯 얘기했다. "사실 원장님이 교정 전문이 아니세요. 환자분이 다른 병원도 한번 가보세요." 황당해하며 직원을 바라보는데, 직원은 별 것 아니라는 듯이 무표정하게 나를 바라보는 것이 아닌가? 오랜 지인의 경험담이다.

"정말 너무 심하지 않아요? 뭐 저런 이상한 사람이 다 있죠?"라며 자신의 응대 태도는 전혀 문제가 되지 않아 억울하다는 그 직원이, 자기들끼리는 억울한 컴플레인에 당당히 맞섰다고 자부할지도 모르겠다. 또한 소리친 환자가 정말로 소위 '진상환자'였다면, 난 직원들에게 힘들겠다며 위로했을지도 모르겠다. 그러나 그날 큰소리를 들은 직원들에게 일말의 동정도 가지 않았다.

그날 진료를 마치고 영수증과 지금까지 진료받은 세부 내역서를 발급받아서 병원을 나왔다. 더 이상 이 병원에서 진료받지 않을 것이니까. 그곳의 대표원장은 본인 병원 대문 앞에 테러리스트 같은 사나운 개가 있다는 사실을 알고나 있을까?

## 공감의 첫 번째! 환자의 언어로 대화하자

장정빈 교수의 아들이 어린 시절, 동네 깡패에게 얻어맞아 머리에 피를 흘리며 들어왔을 때였다. 식겁한 장 교수는 아들을 데리고 인근의 대학병원 응급실로 뛰어갔다. 그런데 간호사가 "뭐 이런 일로 한밤중에 뛰어왔느냐"며 핀잔을 주는 것이 아닌가. 다행히 아들은 일주일도 안 되어 상처가 다 나았고 지금은 의사가 되었을 정도로 세월이 흘렀지만, 장 교수는 그때의 간호사를 생각하면 지금도 기가 막히다고 한다. 피를 흘리는 아들을 보고 놀라고 흥분한 부모의 심정을 조금도 헤아리지 못하는 공감 불능 간호사였던 것이다.

지인 중 한 명은 얼마 전 아이와 함께 병원을 찾았던 때를 잊을 수 없다고 했다. 의사는 목이 아픈 아이의 입안을 들여다보더니 이렇게 말했다.

"아이쿠, 이런! 목이 얼마나 아팠을지 알겠다. 많이 아팠지. 쯧쯧. 우리는 이제 어떤 세균이 너를 아프게 하고 있는 건지 알아낼 거란다. 그리고 나쁜 병균을 모조리 물리칠 수 있는 천하무적 약을 너한테 줄 거야!"

그러고는 지인을 보고 말했다.

"아이가 패혈성 인두염인 것 같네요."

정말로 공감 능력이 탁월한 의사다.

나는 이만큼 공감 능력이 탁월한 간호사를 서울성모병원에서 만났다. "자, 우리 김윤경님은 금식도 하고 오셨는데 오늘 검사가 가능한지 알아볼까요.", "지금 계속 연결이 안 되니 잠시 앉아계세요." 눈을 마주치고 웃으면서 이야기하는 그 직원을 유심히 계속 보게 된다. 검사실이 바쁘면 연결이 안 되기도 한다면서 계속 웃으며 나에게 말하는데, 이럴 때 흔히 우리는 정중히 양해를 구하라고 배우고 가르쳤다. '죄송하지만', '실례지만' 하면서 말이다. 나에게 그런 단어를 사용하거나 양해를 구하지는 않았음에도 여유로운 웃음 속에 왠지 양해를 구하고 있는듯한, 그래서 당연히 동의하게 만드는 묘한 느낌이 들었다.

"우리 김윤경 님은 다음 주 월요일 9시가 검사니 늦어도 10분 전에는 병원 도착하셔서 접수하셔야겠죠? 아스피린이나 드시는 약이 있을까요? 있으시다면 왜 드시면 안 될까요? 그렇죠. 지혈 때문이죠. 그리고 결과는 ○○일 12시인데, 예약이 많은 상황에서 잡아드린 것이기 때문에 그날은 12시에 맞춰 오시지만 약간의 대기는 있을 수 있어요. 그렇다고 늦게 오시면 안 됩니다. 12시에 맞춰 오셔야겠죠?"

웃으며 안내를 받았지만, 병원에서 근무한 경험이 있다 보니 설명이 약간 과하다는 생각이 들기도 했다. 그런데 함께 있던 남편은 이렇게 이야기했다.

"설명 참 잘하시네. 나 같은 사람한테 아주 딱이야. 귀에 쏙쏙 박히네."

'상대방의 언어를 사용하라'

쇼 호스트 장문정의 저서 『한마디면 충분하다』에 나오는 구절인데 판매자의 언어는 소비자의 언어로 풀어야 함을 의미한다. 어려운 의학 용어가 많은 의료 서비스는 특히나 환자의 눈높이에 맞추어야 하며 전달하려고만 하는 것이 아니라 알아들을 수 있게 말해야 함을 강조한다.

엔지니어, 의사, 변호사, 교수와 같은 전문가들은 종종 일반인들과 쉽게 소통하지 못한다. 자신의 전문 용어로만 표현하기 때문이다. 자신에게는 쉽고 너무 익숙한 내용이라 일반인들에게는 생소할 수 있다는 사실을 망각하는 것이다. 요약하면, 상대방이 주제에 흥미를 느낄 법한 내용이라면 조금 전문적인 용어를 구사해도 괜찮다. 관심 분야니까 끝까지 들어주기 때문이다. 반면 그 분야의 초보자나 일반인을 설득할 때는 알기 쉬운 비유와 흥미진진한 에피소드를 섞어 말하는 편이 좋을 것이다. 일반적인 설명이나 주장은 중학교 2학년이 이해할 수 있는 수준으로 하는 것이 가장 좋다고 한다.

그럼 전문 용어나 어려운 기술을 어떻게 중학교 2학년 수준으로 쉽게 설명할까?

가장 좋은 방법은 비유법을 활용하는 것이다. '쉽게 말하면 ○○같은 것'으로 바꿔 설명하는 것이다.

처음으로 돌비 시스템을 만든 엔지니어가 아무 지식이 없는 아주머니들에게 돌비의 특징을 이야기하게 되었다. 아무리 이야기해도 알아듣지 못하자 참다못한 다른 엔지니어가 이렇게 설명했다.

"여러분, 세탁기는 무엇을 하는 물건입니까? 세탁물에서 때만을 찾아 없애는 기계입니다. 세탁물을 손상하지 않고 그 안에 때만 빼주지요. 돌비도 마찬가지입니다. 음은 손상하지 않고 그 안에 있는 잡음만 제거해 주는 겁니다."

정말 머리에 쏙 들어오는 명쾌한 비유가 아닐 수 없다. 그래서 환자와 소통을 잘하는 의사는 '고지혈증은 필요 이상으로 많은 지방 성분 물질이 혈액 내에 존재하면서 혈관 벽에 쌓여 염증을 일으키고, 그 결과 심혈관계 질환을 일으키는 상태입니다. 쉽게 말하면, 하수구에 찌꺼기가 계속 쌓이면 막혀버리잖아요. 그러면 물이 넘치게 되고 나중엔 큰일 나겠죠. 이런 상태를 말합니다.'라는 식으로 이야기한다.

병원은 전문적이지만 따뜻함을 겸비해야 하는 곳이다. 컴퓨터만 쳐다보면서 진료를 마친 환자에게 의사의 처방을 로봇처럼 줄줄 쉬지 않고 던지는 직원들이 많다. 행여나 무엇이라도 물어볼까 봐 수납 후 '안녕히 가세요'를 일방적으로 던지고는 다시 컴퓨터만 바라본다.

앞서 언급한 공감 능력이 탁월한 간호사는 50대 초중반의 나이로 보였는데, 본인이 하는 일에 대한 자부심과 열정에 가득한 모습에서 암 검진을 위해 방문했던 그날의 불안하고 경직됐던 마음이 느긋하게 풀어지는 기분이 들었다.

그분은 늘 하는 안내일 것이고 늘 하는 응대일 텐데 기계적이지 않았으며 웃음기 띤 표정으로 친근감 있는 언어와 화법을 사용하고 있었다. 또한 첫 방문이었는데도 마치 오랜 시간 알고 지낸 지인처럼 다정하게 대해 주었다. 환자들은 이러한 인간적인 직원을 원한다.

그러함에도 진료할 때 컴퓨터 모니터만 보고 환자와는 눈도 안 마주치는 의사들이 더러 있다. '이 약 드시면 되겠네' 하면 끝이다. 환자들이 흔하게 듣는 말이다. 의사들이 원격진료 반대한다면서 환자를 옆에 두고 원격진료를 하는 셈이다. 환자의 아픔을 학문적으로 이해하는 게 아니라 인간적으로 이해해야 한다. 향후 의료는 점점 로봇이 상당히 많은 일을 대신할 것이다. 의사들이 따뜻한 손으로 진찰하지 않고 계속 기계만 쳐다보고 있으면 그 자리는 결국 로봇에게 뺏길 것이다. 오죽하면 우스갯소리로 우리나라 병원 의사들의 진료는 아이돌 팬 사인회 같다고 하겠는가? 빠른 시간 안에 사인하고 악수하고 사진 찍고 '자, 다음 팬 분!' 하는 10초도 안 걸리는 사인회 말이다.

## 표현의 품격 - 환자와의 커뮤니케이션

어머니가 장기간으로 복용하는 약을 대리처방 받기 위해 동네 의원에 방문하였다.

"대리처방 때문에 왔..."라는 말이 채 끝나기도 전에 말을 자르며 직원은 "가족관계증명서와 신분증 주세요."라고 말한다. 불과 한 달 전에 방문했을 때도 준비했던 서류들이어서 제출 후에 다시 편한 마음으로 방문했고 인근 다른 대학병원의 경우는 같은 보호자는 1년에 한 번 확인한다고 들었던 터라 방심했던 것이다. "아, 매번 가져와야 하나요?"라고 어쩔 줄 몰라 질문을 하니 "네. 대리처방 받으실 때마다 가족관계증명서, 신분증 있어야 해요. 저희도 규정이라 어쩔 수 없어요."라며 아무런 표정 없이 말을 쏟아낸다.

어쩔 수 없이 가족관계증명서와 서류들을 챙겨 다시 방문하였다. 같은 직원에게 접수하니 대리처방 장부를 내밀면서 "이거 작성하세요."라며 볼펜을 건넨다.

직원과 몇 번의 대면 후 대기실에 앉아 그 직원을 유심히 관찰하게 되었다. 다른 환자를 응대하는 것을 지켜보니 필자에게 했던 것과 똑같이 말하고 있다는 것을 알게 되었는데 존댓말은 사용하고 있으나 "이거 하세요, 저거 하세요"라는 명령어를 쓰고 있었고 환자와 눈을 마주치기는 해도 무표정이며 상대의 이야기를 끝까지 듣는 것이 아니라 계속 자르는 것을 느낄 수 있었다. 환자를 혼

내는 느낌이 들게 했으며, 차갑고 경직되고 뭔가 급하게 서두른다는 느낌을 받았다. 그런데 환자가 없을 때는 핸드폰을 보며 밝고 환하게 웃다가 다시 환자가 오면 무표정으로 접수를 시작했다.

필자는 한 대학의 '재직자 일·학습병행 공동훈련센터'에서 병·의원의 신입직원들을 대상으로 '국가직무능력표준NCS : National Competency Standards'을 기반으로 한 '고객응대관리'에 대해 7년째 교육하고 있다. 커뮤니케이션 화법을 주제로 강의하는 날에는 시작 직전에 항상 먼저 진행하는 것이 있는데 그것은 '상황설정 – 팀별 상황에 맞는 서비스 용어 찾기'이다. 우리가 병원 현장에서 가장 많이 쓰는 표현 10가지 정도를 적어보라고 하는데 대부분의 직원이 가장 많이 사용하는 표현으로 '성함이요, 생년월일이요, 어떻게 오셨어요? 진료실에 물어보세요, 앉아 계세요, 여기 아니에요, 저쪽으로 가세요, 순서 되면 오세요, 당일 대기 시간 있어요' 등이 있었다. '요'자라도 붙이면 다행이라고 느껴질 정도로 어떤 경우는 '성함이? 이름이? 생년월일이? 예약은 언제로?'처럼 한두 단어만을 사용하는 경우도 허다하다.

이후 커뮤니케이션 화법 강의가 끝나면 다시 처음에 적은 서비스 표현 문장 옆에 더 올바른 표현을 적어보라고 한다. 그러면 대다수의 직원이 본인들이 적었던 문장의 더 공손한 표현을 찾아 적기 시작한다. '성함이요?'에서 '성함이 어떻게 되십니까?', '앉아 계세요'에서 '앉아서 대기하시면 순서대로 호명해드리겠습니다'로 말이다. 직원들은 표현을 고쳐나가면서 탄성을 내기도 한다. 지금까지 잘못 사용하고 있었고 본인들조차도 몰랐던 상황을 인지하며 웃기도 하고 겸연쩍은 표정으로 심각성을 인지하는 모습을 종종 볼 수 있다.

현장 직원들의 의욕을 꺾지 않기 위해 처음의 표현들이 틀렸다고 하지 않는다. 서비스의 중요성과 왜 이런 화법을 써야 하는지에 대한 이유와 중요성을 꼭 인지시킨 후에 이보다 더 나은 서비스 용어를 스스로 찾아내고 활용해야 한다는 것을 교육하고 있다.

사실 직원들은 본인들이 어떠한 화법을 쓰고 있는지 모르는 경우가 더 많았다. 의료 서비스 환경에서 매일 습관적으로 반복하여 쓰지만, 자신의 화법에 대해 인식하지 못하는 경우가 많다. 서비스 응대 화법을 배우고 나서야 비로소 '아, 내가 이런 습관이 있었구나, 내가 이렇게 고객 응대를 하고 있었구나'라며 뒤돌아보는 것이다.

그래서 의료 서비스 환경에서의 다양한 커뮤니케이션 화법에 대해 이야기하고자 한다.

첫 번째로 대화를 가장 부드럽게 만드는 화법으로 '쿠션언어 화법'이 있다.

환자에게 부탁을 해야 하는 경우, 원만하게 협조를 얻기 위해 의뢰형, 청유형 화법을 많이 사용하는데 이를 더 부드럽게 만들

단어들을 '쿠션언어'라고 한다.

'네, 호칭 + 쿠션언어 + 청유형 화법'의 순서인데 '쿠션언어'로는 죄송합니다만, 실례합니다만, 번거로우시겠지만, 괜찮으시다면, 양해해주신다면 등과 같은 단어들이 있다.

진료가 늦어질 때는 '네, 고객님. 죄송합니다만 조금만 더 기다려주시면 감사하겠습니다.'로, 환자가 검사 및 투약, 운동 등을 거부하는 상황일 때는 '○○○님, 힘드시더라도 지금 검사를 하시는 게 좋습니다.'를 사용할 수 있다. 또한 대리처방의 경우에는 '네, 보호자님, 번거로우시겠지만, 내방 하실 때마다 서류를 준비해 주시겠습니까?'처럼 사용할 수 있다.

'하세요', '앉으세요', '앉아 계세요'처럼 명령과 지시를 연상케하는 단어들은 상대방에게 반감이 들게 하고 공격적으로 보일수 있기에 '서비스인'이라면 항상 이 '쿠션언어'를 활용한 청유형의 화법을 사용하길 바란다.

두 번째는 '플러스 화법'이다. 전화 통화나 사람을 만나 자연스럽게 대화하기 위해 쓰이는 인사 대화법으로 날씨, 식사, 안부, 신상에 대한 칭찬의 화법으로 어색하지 않고 자연스러운 대화를 이끌어 낼 수 있다.

환자가 처음 내원하고 진료 후 상담을 받으러 갈 때 나는 항상 내 소개를 했다. '안녕하세요. 오늘 상담을 도와드릴 상담실장 김윤경입니다. 상담실로 안내 도와드리겠습니다. 이쪽으로 오시겠어요?'라고 하며 상담실로 가는 도중 환자에게 '오늘 날씨가 너무 더워서 오시는데 힘드시지는 않으셨어요?'라며 인사를 건네기도 하였다. 그러면 경직되어있던 환자들이 바로 '아, 아니요, 괜찮았습니다.' 등의 말을 하며 미소 짓는 경우가 많았다. 이처럼 '플러스 화법'은 내원한 환자의 긴장을 풀어줄 수 있는 따뜻한 화법이기도 하다.

세 번째는 '긍정화법'이다. 환자의 입장에서 생각하고 완곡하게 표현하여 환자의 수용을 이끌어 내는 대화법이다.

'안 됩니다'라는 단호한 표현보다는 '네, 고객님 죄송하지만 + 설명 + 어렵습니다 + 대안'의 방식을 사용하는 것이다.

환자가 당일 예약 날짜를 변경하려고 전화를 했다고 가정하자. 막무가내로 원하는 날짜를 말하며 그날로 바꿔 달라고 떼를 쓰고 있다. 당일에 그것도 예약 시간에 임박해서 아무렇지 않게 시간을 바꿔 달라고 하면 환자를 위해 준비하고 있던 병원 입장에서는 당황스러울 수 있다. 이런 상황에서는 '네, 고객님 죄송하지만 말씀하신 날짜는 모든 예약이 끝나서 어렵습니다. 혹시 이 날짜는 어떠신가요?'하고 말할 수 있다.

이처럼 '긍정화법'으로 바꾸면 대안을 제시하고 고객에게 선택 기회를 부여하는 셈이 되어 더욱 세련된 대화법이 된다. 이런 '긍정화법'으로 변환하는 방법은 의외로 간단하다. 바로 '데스크 DESC화법'을 사용하는 것이다.

예를 들어 친구에게 전화를 걸어 '오늘 저녁 술 한잔하자.'고 했는데, 친구가 '나, 오늘 선약이 있어서 안 돼.'라고만 했다면 무척 섭섭할 것이다. 그러나 '오늘 저녁 만나자고?'<sup>사실, Describe</sup>, '미안해, 오늘 저녁은 선약이 있는데'<sup>표현, Express</sup>, '금요일 저녁은 어떠냐?'<sup>제안, Suggest</sup>, '그러면 부담 없이 한잔할 수 있지 않겠어?'<sup>결과, Consequence</sup>라고 말한다면, 친구의 성의나 미안한 마음을 그대로 느끼게 된다.

예전에 백화점 매대에서 팔고 있는 물건이 마음에 들어 나에게 맞는 사이즈를 찾다가 직원에게 사이즈를 문의한 적이 있다. 그때 지나가던 직원 한 사람이 '거기에 없으면 없어요.'라며 말을 툭 던지고 가던 길을 갔다. 나도 모르게 기분이 팍 상했지만, 그래도 아쉬운 마음에 한 번 더 찾아보았으나 역시 없었다. 그런데 그때 다른 직원이 지나가길래 다시 한번 물어봤다. 그랬더니 그 직원은 "아, 고객님 아마 거기에 없으면 창고에도 없을 것 같습니다. 그래도 혹시 모르니 제가 들어가서 한번 찾아보고 말씀드리겠습니다. 잠시만 기다려주시겠습니까?"라고 말을 하며 창고로 들어갔다. 잠시 후에 와서 다시 찾아봤으나 없었다며 도움이 되지 못해 죄송하다는 말을 했고 나는 웃으며 괜찮다고 하고 다시 쇼핑을 했다. 같은 직원인데도 응대 온도가 너무나 다르다.

네 번째로는 '칭찬화법'이 있다. 환자의 충성심을 이끌어 내는 화법인데 칭찬을 받으면 누구나 기분이 좋아지는 심리를 활용한 것이다.

내과나 정형외과, 신경외과, 재활의학과처럼 비교적 연령대가 높은 환자가 자주 내원하는 곳에서는 이것만큼 좋은 화법이 없다. 당뇨가 심해 정기적으로 당뇨약을 처방받아가는 어르신들은 내과에 내원하여 진료받기 전 항상 혈당 체크를 한다. 직원들이 결과를 전자 차트에 입력하면서 '그 전보다 혈당지수가 좋아졌다, 약 꾸준히 잘 드셨나보다, 음식 조절 잘하셨나 보다' 하면서 칭찬하면 '그럼, 내가 우리 선생님들 말씀을 얼마나 잘 듣고 있는데, 칭찬받아야지.'라며 '내가 이 병원에 몇십 년째 다니는데.' 하고 말하는 걸 종종 목격한다. '칭찬화법'으로 인해 부드럽고 친근한 분위기가 형성되는 것이다.

다섯 번째는 '목적을 붙여서 말하라'이다. 그러면 설득 효과가 크게 높아진다.

공공장소의 안내문을 작성하거나 환자에게 안내 시에 '목적의식을 부여'하면 설득 효과가 높아진다. 사람들로 붐비는 거리 모퉁이에 조그마한 교회가 있는데, 주변에 넓은 잔디밭이 펼쳐져 있었다. 인근 지역의 많은 사람들이 그곳에서 개를 산책시키곤 했다. 그런데 개들의 배설물로 냄새가 진동했다. 이 문제를 해결하기 위해, 즉 개 주인들의 행동을 바꾸기 위해 교회가 안내문을 작성했다.

'강아지의 배설물을 치워주세요.'

그런데 별 효과가 없자 안내문을 바꾸었다.

'아이들이 노는 곳입니다. 강아지 배설물을 치워주세요.'

이처럼 목적의식, 즉 강아지 배설물을 치워 아이들이 자유롭게 놀 수 있게 하자는 의미의 안내문이 사람들의 행동을 완전히 바꾼 것이다. 병원에서도 고객의 전화번호를 물어볼 때 '제가 빨리 답변해 드릴 수 있도록 전화번호를 남겨주시겠어요?'라든지 병실에서 환자의 커튼을 칠 때 '환자분의 사생활이 보호되도록 커튼을 칠게요.'라고 말할 수 있을 것이다.

마지막으로 '1,2,3 화법'이 있다. '1번 말하고', '2번 듣고', '3번 이상 맞장구치는' 방법이다. 이보다 더 적극적으로 환자와의 대화에서 맞장구를 치는 요령은 없을 듯하다. 환자와 대화할 때 꼭 전달해야 하는 주의사항 외에는 환자의 이야기에 언어적, 비언어적 적절한 제스처로 반응해주고 '어머나, 그렇군요', '정말요? 그래서 어떻게 됐어요? 진짜 놀라셨겠어요?'와 같은 반응을 반복하는 것도 좋다.

'사람은 말투에서, 옷감은 염색에서, 술은 냄새에서, 꽃은 향기에서 그 됨됨이를 알 수 있다'는 독일 속담이 있다. 말은 곧 그 사람의 정신이고 품격이다. '말도 행동이고 행동도 말의 일종이다.'라는 미국의 사상가 에머슨이 한 말도 있다. 사소한 것 같지만, 부드럽고 다정한 말투, 반갑게 미소 짓는 표정, 단정한 옷매무새,

겸손한 매너와 에티켓은 멋진 말 한마디 이상의 위력을 지닌다.

일본의 소설가 가네히라 케노스케는 '거울은 먼저 웃지 않는다'라고 하였다. 우리의 언행은 거울을 통해 반사가 되어 그대로 나에게 돌아온다. 거울을 보고 웃는 연습을 반복적으로 하다 보면 어느새 습관이 되고 자연스럽게 얼굴에 미소가 생기게 될 것이고 나를 만나는 모든 사람의 태도가 호의적으로 바뀔 것이다. 환자와의 대화에서도 물론 예외는 아니다.

어떻게 보면 최고의 선생님은 바로 나 자신이라고 할 수 있겠다.

## 공감! 역지사지, 역지감지, 역지행지와 공감 레시피

대학교 시절 들었던 일본어 강독 강의 시간에 담당 교수가 어느 민족이 공감을 가장 잘할까? 라는 질문을 던진 적이 있다. 이어 그는 웃으며 '아마도 일본일 거야. 그들의 언어엔 소오데스까, 소오데스네, 소오나노, 하이하이그렇습니까? 그렇네요, 그래요? 네네가 있고 평소에 얼마나 많이 쓰는 단어들인데.'라고 말했다.

일본사람들은 절대 다른 사람들에게 폐를 끼치면 안 된다고 생각하여 어린아이 때부터 철저한 교육을 하는데, 다른 사람의 마음에 상처를 주는 것도 폐라고 생각해서 생겨난 문화가 바로 '기배려'라는 것이다. 그래서 욕도 잘 하지 않으며 가능한 속마음을 숨기고 상대 앞에서 공손하게 말하고 상대의 말에 가능한 맞장구와 감탄사 그리고 고개를 끄덕인다. 이때 하는 추임새들이 바로 위에 언급한, 우리말로 하면 '그렇습니까, 그렇네요, 그래요, 네네'가 되겠다. 일본사람들은 말할 때 듣는 사람이 맞장구를 쳐주지 않으면 불안해하는데, 자신이 잘못된 이야기나 주제에 맞지 않는 이야기를 하는 것이 아닌가 걱정하며 계속 상대의 눈치를 살핀다. 상대의 면전에서는 절대 'NO'를 하지 않고 칭찬하는 문화로 인해 외국인들로부터 많은 오해를 사기도 한다. 우리나라 환자들은 비교적 의사 결정이 빠른 편인데, 일본인 의료 관광객의 통역을 맡던 한 코디네이터의 말을 들어 보면, 일본사람들은 진료 후에 그 자리에서는 절대로 싫다는 표현을 하지 않고 아주 만족스러운 얼굴과 표정으로 칭찬을 한다는 것이다. 그리고 상담 후 시술을 받기까지의 결정도 아주 오래 걸린다는 것이다.

물론 일본어 교수의 말은 약간의 반어법 같은 것이다. 상대의 이야기에 맞장구를 잘 쳐주는 것은 사실이지만, 오랜 기간 뿌리내린 '기배려'에 의해 보이는 것을 중요시하는 하나의 제스처에 지나지 않기 때문이다.

소통과 공감의 핵심은 나와 상대방의 입장과 상황을 바꿔보는 것, 즉 역지사지易地思之하는 것이다. 자신을 상대방의 마음에 이입시켜 상대방의 입장에 서서 자신의 마음 상태와 행동을 능동적으로 조절할 줄 알아야 하는 것이다.

그런데 역지사지만으로는 충분하지 않다는 주장이 설득력을 얻고 있다. 역지사지를 넘어 '역지감지易地感之', 즉 타인의 감정까지 느껴야 한다. 여기에다 '역지행지易地行之'까지 해야 비로소 공감이 완성된다. 상대방의 입장으로 행동하는 데까지 이어져야 진정한 공감이기 때문이다. 상대방의 입장에서 생각하고, 느끼고, 행동할 때 비로소 진정한 소통과 공감이 완성된다.

손님을 대접하고자 하는 진심이 넘치더라도 이를 맛있게 표현할 줄 모른다면 훌륭한 요리사라고 할 수 없다. 그러면 내가 공감하고 있음을 상대방에게 어떻게 표현해야 할까? 공감을 표현하는 방법은 크게 '1차 공감', '2차 공감', '고도 공감'의 3단계로 구분할 수 있다.

'1차 공감'에는 상대방이 말할 때 눈을 맞추고 고개를 끄떡이는 비언어적 표현과 맞장구를 쳐주는 것과 같은 언어적 표현이 있다. 2차 공감은 여기서 한발 나아가 상대방의 마음을 알아차림으로써, '어쩜 내 마음을 그렇게 잘 아니?'와 같은 반응을 보이도록 하는 것이다. 마지막으로 고도 공감은 상대방이 당면한 문제를 염려해 주는 정도를 말한다. 여기에 기초해서 '공감 표현의 레시피'에 대한 핵심적인 방법 몇 가지를 함께 생각해보자.

### ① '반영의 표현법'을 활용하라.

심리 상담에서 쓰는 용어로 공감한 바를 상대방에게 언어로 표현해서 전달해 주는 기법을 '반영reflection'이라 한다. 반영의 표현 방법은 의외로 간단하다. 상대방이 한 말을 재再 진술한 후에 말 속에 담긴 감정이나 욕구를 언급하면 된다. 우리는 상대방의 마음에 공감할 때 '나는 네 마음을 다 알아'라는 식으로 말하곤 한다. 그러나 '너의 마음을 다 알아'라고 두루뭉술하게 말하는 것보다는 반영 기법을 활용해 구체적으로 표현하는 것이 더욱 좋다. '내가 느끼기에는'이라는 말을 한 후에 감정 표현을 해주는 것이다. '그런 대접을 받았다니 정말 억울했겠군요.', '그 친구 얘기에 당신이 속상했겠구만...' 이런 표현은 앞서 구분한 2차 공감에 해당한다.

## ② 맞장구를 쳐라

맞장구는 한마디로 상대가 더 즐겁게 말할 수 있도록 돕는 기술로, 흔히 '리액션reaction'이라고도 한다. 장정빈 교수는 몇 차례 방송에 출연해서 강의한 적이 있다. 첫 강의 때는 지레 겁을 먹고 긴장했지만, 두 번째부터는 절로 흥이 나고 편안해졌다고 한다. 고개를 끄덕이며 박수치고, '아하!'하면서 탄성을 내는 방청객 덕택이었다.

상대방이 신나게 말하도록 하기 위해서는 적절하게 맞장구를 쳐야 하는데, 요령은 상대가 한 말 중에서 가장 중요한 말을 되뇌면서 대화의 진행을 촉진하는 것이다. 상대가 '나 영화 보기로 했어'라고 하면, '영화? 무슨 영화 보기로 했는데?'라고 말해주는 식이다. 앞서 말한 '1차 공감'에 해당한다.

## ③ 백트래킹으로 동조하라.

예전의 간호사분들은 산모가 진통을 하면서 겁을 먹으면, '아줌마 절대 안 죽어요. 세상 사람들 다 애 낳고 살아요'라고 했다는 말을 들은 적이 있다. 흔히 말하는 일반화의 오류로 고통스러운 산모에게 전혀 도움이 안 되는 표현이다. 차라리 상대방의 말을 그냥 '미러링mirroring' 해주는 편이 낫다. '미러링'이란 '정말 죽을 것처럼 힘드시죠.'라고. 그냥 거울처럼 반영해 주는 것이다. '백트래킹backtracking'도 이와 유사한데 이는 한 박자 늦게 상대의 말을 따라서 받아 주는 것을 말한다. 계속 상대의 이야기를 되새기면서 듣게 되면 상대가 적극적인 공감을 받는다고 느끼기 때문이다.

"오늘 야근을 했거든. 근데 아직도 못 끝낸 일이 산더미야."

"야근을 했는데도 못 끝낸 일이 산더미야?"

"응, 언제나 다 끝날지 모르겠어. 아마 내일도 야근해야 될 것 같아."

"언제 끝날지도 모르고, 내일 야근까지… 그거 너무 심하네." 이것은 '2차 공감'에 해당한다.


④ 페이싱으로 보조를 맞춰라!

'페이싱pacing'이란 상대방과 목소리 톤을 맞추거나 얼굴 표정을 매치시켜 친밀감을 조성하는 것을 말한다. 신혼부부들이 티셔츠, 반바지, 샌들까지 맞춰 입고 여행지에서 해변을 거니는 모습은 그들만의 사랑 표현법이다. 연인들도 서로의 표정, 말투, 취미를 맞추어 간다. 연인들은 문자 메시지나 카카오톡에서 '~용', '~염' 등의 어투를 사용해서 대화한다. 여자가 '지금 어디세용?' 하면 남자는 '카페인데용!'하고 답장을 보낸다. 굳이 구분하자면 '1차 공감'이다.

⑤ 상대방의 마음을 앞서서 표현한다.

상대에 공감하는 또 다른 방법 가운데 하나는 상대의 마음을 읽는 것이다. 아내가 동창회를 다녀오면 부부 싸움이 벌어지는 경우가 흔하다. 아내가 다른 사람과 남편을 비교하기 때문이다. '동창회에서 옛 친구를 만났는데, 그녀 남편이 출장길에 유럽 여행을 다녀오면서 명품 가방을 선물해 줬다며 자랑하더라.' 대부분 싸움은 이런 식으로 시작된다.

'(아내) 이번에 내 친구 혜미는 남편이 유럽 여행을 다녀오면서 명품 가방을 선물로 사 왔다더라.', '(남편)그렇게 부러우면 그 남자랑 가서 살아!' 사실 아내의 말에 '당신 많이 부러웠구나.'라면서 마음을 읽어주며 공감해 주면 되는데, 대부분의 남편들은 그게 아주 서툴다. 이른바 '고도 공감'에 해당한다.

훌륭한 요리사가 되려면 우선 만드는 음식에 정성을 다해야 하며 고객을 위해 기쁜 마음으로 '진심'을 담아 음식을 만들어야 한다. 다음으로는 자신의 진심을 최고의 요리로 표현해낼 수 있는 능력을 갖춰야 한다. 공감의 레시피를 통해 탁월한 표현력을 발휘하기 바란다.

## 전화 응대 직원의 역량이 병원의 매출을 좌우한다.

전화 한 통화로 환자의 마음을 사로잡을 수도 있고 병원의 이미지도 달라질 수 있다. 누구나 쉽게 전화를 받지만, 그 쉬운 업무를 정말 잘하는 사람은 드물다.

다음 두 예시에 대한 전화 응대를 비교해 보자.

예시 1)

**직원** : ○○병원입니다.

**환자** : 네, 두통이 너무 심해서 찍어보고 싶어서 그러는데 혹시 그 병원에 MRI 있나요?

**직원** : 아니요. MRI없구요, 저희는 CT만 있습니다.

**환자** : 아... 네 알겠습니다.

**직원** : 네, 감사합니다.

예시 2)

**직원** : 감사합니다 ○○병원입니다.

**환자** : 네, 두통이 너무 심해서 찍어보고 싶어서 그러는데 혹시 그 병원에 MRI 있나요?

**직원** : 네 고객님, 저희 병원에는 MRI는 없지만 CT라는 장비가 있습니다. 그런데 고객님, 혹시 두통이 언제부터 심하셨나요? 그리고 두통 관련해서 다른 진료 받으신 경험이 있으신가요?

**환자** : 아니요, 두통약만 먹다가 너무 아파서 검사 한번 받아보고 싶

어서요.

**직원** : 아 그러셨군요. 두통이 심해서 고생이 많으셨겠어요. 고객님 두통이 있다고 무조건 MRI 검사를 먼저 시행하지는 않아요. 의사 선생님 진료 후에 검사의 필요성이 있으면 필요한 검사를 단계적으로 시행하게 되거든요. 가장 중요한 것은 내원하셔서 의사 선생님의 진료를 먼저 받아보시는 게 좋으실 것 같은데, 예약 도와드릴까요?

**환자** : 네, 그럼 수요일 4시 가능할까요?

**직원** : 네, 확인 후에 안내해드리겠습니다. 네, 고객님 일정 가능하십니다. 예약해드렸고요, 예약 문자도 발송 드리겠습니다. 궁금하신 사항 있으시면 언제든지 문의 주세요.

**환자** : 네, 감사합니다.

**직원** : 네, 감사합니다. 예약 때 뵙겠습니다.


어느 날 병원으로 문의 전화가 왔다. "머리 MRI를 좀 찍어보고 싶은데, 그 병원에 MRI가 있느냐"고 묻는 질문에, "저희 병원엔 MRI는 없는데요."라며 아주 친절하게 안내하고 그 직원은 전화를 끊었다.

왜? 어디가 불편해서 MRI를 찾는 것인지 다른 병원의 의뢰를 받아 검사를 진행하는 것인지 본인이 불편한 곳이 있어 궁금해서 문의하는 것인지를 묻고 그에 필요한 답변을 해야 한다. 단순히 두통이 심해 MRI를 한번 찍어보고 싶다는 환자에게 내원하여 진찰을 받고 그에 따라 필요한 검사를 단계적으로 시행하는 것이지, MRI부터 찍어보는 것이 아니라는 것을 알려주고 병원 방문을 유도하는 것이 전화 업무인데 병원에 노크한 환자를 오지도 못하게 내쫓아 버린 것이다.

그런데 여기서 예시 1)과 예시 2)의 차이점을 좀 더 자상하고 친절하게 설명하고 그렇지 않은 것으로만 해석하면 곤란하다. 예시 1)은 고객이 물어보는 것에 대해 시종일관 단답형으로만 대답한다. 더 궁금해하는 다음 질문이 충분히 예상되는 상황인데도 부연 설명 하나 없다. 그래서 고객은 계속해서 질문을 던져야 한다. 이처럼 단답형으로 대답한다고 통화시간이 더 줄어드는 것도 아니다. 차라리 궁금해하는 사항에 대해 처음부터 자상하게 안내해주는 것이 통화시간을 더 짧게 만든다.

예시 2)의 설명은 단순히 친절함을 넘어 내용이 아주 구체적이다 보니 말의 길이가 길 뿐만 아니라, 세세한 정보가 들어 있어 더 인상적이고 믿음이 간다. 바로 '휴리스틱heuristic' 때문이다. 사람들이 일상생활에서 자주 보이는 대표적인 특성 중 하나로 '휴리스틱'을 들 수 있다. '휴리스틱'은 영어로 '체험적인', '스스로 발견하게 하는'이라는 의미로, '어림잡아서', '대충', 즉 '주먹구구로 판단한다'는 의미이다. 사람들은 인지적 구두쇠로서 매사 머리를 싸매가며 심사숙고해서 합리적으로 판단하길 싫어한다. 그래서 경험에 기반한 의사 결정의 규칙을 쉽게 따른다. '길이가 강도를 암시한다'는 '휴리스틱'에 따라 길고 구체적인 정보일수록 신뢰성이 높다고 무의식적으로 간주해 버리는 것이다. 이와 같은 현상은 마케팅 전략이나 세일즈 화법에서 그대로 활용되고 있다. 예를 들어 내가 펜을 하나 팔면서 '이 펜은 종이에 쓸 수 있습니다.'라고 말하면 고객은 '그냥, 펜이군요.'라고 덤덤하게 생각할 것이다. 그런데 내가 '이 펜은 종이에만 쓰여지는 것이 아니라 플라스틱, 유리, 가죽, 벽돌 등은 물론 물속에서도 쓸 수 있는 펜입니다.'라고 말하면 고객은 그 펜이 더 가치가 있다고 판단할 것이다. 내가 펜에 관해 새로운 사실, 새로운 장점과 새로운 용도를 더 많이 알려주었으니 이는 너무나 당연한 현상이다.

백화점이나 자동차, 보험회사의 판매직원이 통계 자료와 사진, 신문 기사 등을 풍부하게 제시할수록 판매 가능성과 설득력이 커진다는 걸 모르는 사람은 없다. 그런데 여기서 말하는 설득은 단지 자료 자체의 설득적 가치에서만 나오는 것이 아니다. 소비자 설득에 관한 연구에 따르면, '설명의 길이가 장점을 암시한다'는 휴리스틱이 자연스럽게 작동하게 된다. 이처럼 휴리스틱이 작동하는 이유는 설명하는 내용이 신뢰성 있고, 진실하며, 심사숙고한 것처럼 상대방에게 해석되기 때문이다. 고객은 부지불식간에 '저렇게 길게 구체적으로 정성껏 설명하는 걸 보아하니 틀림없이 좋은 점이 있겠지'라는 마음이 드는 것이다.

병원에 근무하면서 전화 업무의 중요성에 대해 깊이 느끼게 된 계기가 많았다. 병원의 위치를 묻는 전화에 "거기가 어딘지 잘 모르겠고요. ○○역 ○번 출구를 일단 찾으세요. 어느 방면인지 잘 모르겠는데, 네비에 ○○건물 쳐 보세요."라며 성의 없이 안내하는 직원을 보며 필자가 경험한 첫 직장에서의 전화 안내 교육이 얼마나 중요했는지 새삼 깨닫게 되었다.

첫 근무 병원은 사거리 모퉁이 빌딩에 위치했는데, 사거리 어느 방면에서 지하철, 버스, 자차로 올 경우, 어떻게 와야 하는지에 대해 안내하는 요령을 기본적으로 교육했었다. 환자가 어느 건물이 보인다는 정도의 말을 해도 병원에 찾아올 수 있게끔 말이다. 이런 기본적인 안내부터 잘 이뤄져야 그다음의 영업적인 단계로 넘어갈 수 있다.

안방에 넣을 가구를 사려고 인터넷으로 결제를 하고 보니 인테리어업체에서 우리 집은 구조상 붙박이를 할 수 없단다. 그런데 너무나 마음에 들어 성급히 결제한 가구는 붙박이었다. 고객센터에 전화해서 테두리를 빼고서라도 설치 해주면 안 되느냐고 문의하니 상담사가 당연하다는 듯 붙박이 전용이라 테두리를 제하고 설치할 수 없으니 취소해야 한다고만 안내했다. 취소한 후 속상한 마음에 다른 디자인을 살피려 인터넷 검색을 해보니까 원래 사려고 했던 가구는 붙박이 형태와 이동형 형태의 두 가지가 있었고 결제창이 각각 따로 되어있어 원하는 형태의 가구를 선택해 결제하면 되는 것이었다. 현명한 전화 상담 직원이라면 왜 테두리를 제거해야 하는지, 그렇다면 이동형을 원하시는 것 같은데, 다른 결제창을 찾아야 한다거나 더 나아가 다른 결제창의 링크를 보낼 테니 원하는 제품을 선택하면 된다고 안내했을 것이다.

팔자주름에 보톡스를 맞고 싶어 성형외과에 처음 전화를 걸어 문의한 환자에게 "팔자주름은 보톡스 안 하는데요."라고 안내했고 당황한 환자는 "아, 네..."하고 그냥 끊었다. 팔자주름은 통상적으로 보톡스보다는 상태에 따라 필러와 같은 보형물이나 전체적인 리프팅을 통해 개선 효과를 볼 수 있으니 정확한 상담을 위해 내원 유도를 했어야 맞다. 장기적으로 보았을 때 이 얼마나 큰 손실인가?

전화는 영업의 필수적인 커뮤니케이션 도구로서, 방문상담 못지않게 중요한 영업 도구가 틀림없다. 특히 병원에서 전화는 방문 약속이나 예약 확인 및 사전 안내를 할 수 있는 효과적인 수단으로 전화 업무에 어떻게 접근할 것인지를 생각해보는 것은 대단히 중요하다. 그럼에도 불구하고 병원에서 근무하는 직원들이 전화 업무를 단순 업무로 생각하는 경우는 흔하다.

모 은행 PB팀장은 고객의 문의나 불편 사항을 전화로 상담해주면서 마무리 인사말을 하기 전에 이 고객이 다른 금융상품이나 서비스에도 관심이 있는지를 반드시 확인한다. 성함, 전화번호 등을 확인하고 '아까 설명드린 ○○상품 안내장입니다. 직접 찾아 주시거나 전화 주시면 언제라도 친절히 상담해드리겠습니다.'라는 요지의 간단한 문자를 보낸다. 특별한 고객으로 대접하는 성의를 보임으로써 걸려온 전화를 훌륭한 세일즈의 기회로 바꾼 사례이다. 'CRM'의 기본은 해피콜, 리콜로 시작하며 문의 전화로 오는 'In-bound' 등은 병원의 이미지와 매출을 연결하는 아주 중요한 업무로서 직원의 역량이 가장 전문화되어야 하는 접점이다.

# 이미지로 소통하다

## 청진기 이미지가 주는 신뢰감

의료 서비스 소비자인 환자는 어떤 점을 고려하여 병원을 선택할까? 필자는 우선 집이나 직장에서 가장 가까운 병원부터 찾는다. 다른 환자들도 무엇보다 지역적 접근성을 고려해서 진찰받을 병원을 선택할 것이다. 어떤 사람들은 가까운 병원 중에서도 건물의 노후 정도, 주변 환경의 쾌적함, 최신 의료기기 보유 여부 등 물리적 요인을 병원 선택의 중요한 요소로 생각할 것이다. 때로는 TV, 라디오, 신문, 잡지, SNS 등의 매체 광고를 통해 알게 된 병원을 찾아가는 환자들도 있을 것이다. 이 모든 것들은 의료 경영에 있어서 마케팅 커뮤니케이션이 날로 중요해지는 이유라고 할 수 있겠다.

하지만 의료 서비스가 본질적으로 의사와 환자 사이에서 일어나는 대면 서비스라는 점을 감안하면 의료 서비스의 궁극적인 접점이자 서비스 제공자인 의사와 간호사가 그 어떤 요인들보다 소비자들의 선택에 강한 영향력을 행사하는 중요한 요인이라는 점을 부정하기 어렵다. 환자들은 의사라는 전문적 의료 서비스 제공자를 만나서 진찰을 받고 적절한 치료와 처방을 받기 위해 병원이라는 공간을 방문하기 때문이다. 환자들은 의료 소비자의 관점에서 자신을 진료하는 의사와 병원에 대해 나름대로 주관적인 이미지를 형성한다. 그리고 환자들은 의사와 간호사 대한 각자의 이미지를 기반으로 의사를 얼마나 신뢰할 것인지, 치료 행위에 얼마나 적극적으로 협조할 것인지, 의료 서비스에 얼마나 만족할 것인지, 차후에도 해당 병원을 다시 방문할 것인지 등을 결정한다. 의료 경영의 관점에서 볼 때 의사와 병원의 이미지는 환자들의 병원 선택에 지대한 영향을 미침으로써 병원 영업의 성패를 결정할 수 있는 요인이 되는 것이다.

인간의 뇌는 새로운 만남마다 빠른 속도로 일을 한다. 상대방에 대한 모든 부분을 인식하고 체크하며, 자신의 경험에 비추어 보아 어떤 패턴이 맞는지를 결정하고 비교하여 최종 결정을 한다. 새로운 인상은 단 10초 안에 결정된다. 처음 사람을 만나면 몇 초 내에 상대에 대한 그림을 그리고, 이러한 이미지는 상대방의 잠재의식 속에 걸려 있다. 그 첫인상에 근거해서 당신을 판단하고, 상대에 대한 그 사람의 행동을 결정한다. 첫인상이 좋아야 이후의 만남에서 호감을 살 수 있고 지속적인 인간관계가 원활히 이루어진다. 짧은 시간 동안에 고객들은 비즈니스에 대한 인상을 결정짓고 추후 이용 여부를 결정한다고 한다. 직원 한 사람, 한 사람이 병원의 첫인상을 담당하는 사람이라는 책임감과 자긍심을 가지고 의료 서비스를 제공하고 첫인상이 주는 기회를 잘 활용한다면 본인과 병원의 이미지 개선에 많은 도움이 될 것이다.

특히 헤어 스타일이나 옷은 사람의 첫인상을 좌우한다. 허름한 옷을 입으면 형편이 어려워 보이기 마련이고, 화려한 옷을 입으면 개성 있는 사람처럼 보일 수도 있다.

병원에 가면 모든 의사가 흰 가운에 청진기를 목에 걸고 있을 것 같지만 유심히 보면 의사의 용모나 복장은 천차만별이다. 그렇다면 의사와 의료 서비스 종사자들의 스타일이 환자의 신뢰감 형성에 어떤 영향을 미치는가를 공부할 필요가 있다.

예를 들어 의사가 캐주얼을 입고 진료를 하거나 운동화를 신고 미팅에 참석한다면 어떻게 될까?. 로버트 치알디니의 저서 『설득의 심리학』에는 과학자들이 사람의 옷차림이 설득 효과에 미치는 영향력을 연구한 내용이 있다. 깔끔한 비즈니스 슈트 차림은 다른 사람을 설득하는 데 상당한 영향을 미친다. 실험을 했더니 슈트를 입은 사람이 빨간 신호등이 켜져 있을 때 길을 건너면 캐주얼 차림의 사람이 건널 때 보다 35%나 더 많은 사람이 따라 하는 것으로 나타났다.

영국에서 실시한 조사에 따르면 청진기를 걸고 있는 의료진과 그렇지 않은 의료진을 비교할 때, 사람들은 청진기를 걸고 있는 의료진이 전해 준 메시지를 훨씬 잘 기억하는 것으로 나타났다. 재미있게도 청진기를 사용할 필요가 전혀 없었는데도 말이다. 청진기는 전문 의료진이 진단을 내리는 데 도움을 주는 기구일 뿐 아니라 그것을 걸고 있는 사람의 신뢰도를 높이는 데 효과적인 커뮤니케이션 수단으로 작용하는 것이다.

다른 실험에서도 여성이 천박한 옷차림을 하고 똑같은 부탁했을 때는 남성 22명 중 13명만이 부탁을 들어줬다. 그러나 대학생다운 옷차림과 로맨틱한 옷차림에는 21명이 부탁을 들어주었다. 이처럼 옷차림은 설득 효과와 인간관계에 영향을 준다.

『세이노의 가르침』에서 인상 깊은 대목이 있었다. '고액 과외를 가면 구두를 좋은 것을 신어야 한다. 학생 방에 들어가면 학부모가 보는 것은 남겨진 구두뿐이기 때문이다'. 이런 연구 결과나 조언을 종합해 보면 입고 있는 옷이나 구두는 그 사람의 이미지를 결정지으며 사람들의 행동에 영향을 미친다는 것을 알 수 있다. 누군가 처음 만날 때는 자신의 전문성과 신뢰를 보여줄 수 있는 옷을 입어야 한다. 이렇게 하는 것은 『설득의 심리학』에서 말하는 '권위의 법칙'과도 일치한다.

　얼마 전 방문한 병원의 접수 직원이 너무나 잊히지 않는다. 밝은색의 커트 머리에 눈썹까지 샛노랗게 염색한 그 직원을 보며 내가 왜 당황스러웠는지 모르겠다. 요즘 병원직원들은 나와 나이 차이가 많이 나서 내가 젊은 세대를 잘 이해하지 못하나, 내가 너무 고지식한가 하는 생각이 잠시 들 정도였다. 진료실을 안내하는 직원은 허리까지 내려오는 머리를 묶지 않고 계속 만지고 있고 물리 치료실의 직원들 또한 누워있는 나에게 긴 머리를 흩날리며 치료를 도왔다.

　또 다른 안과에서 만난 직원은 엄청나게 화려하고 긴 손톱의 네일 아트를 하고 있었다. 그런데 진료 후에 내 눈에 안약을 넣어주겠다며 그 긴 손톱으로 내 눈을 벌리려고 하는데 혹여나 찔리지나 않을까 겁이 나고 불안했다.

　유형의 상품에 품질이 있듯이 서비스에도 품질이 있다. 서비스를 향상하기는 매우 어렵고 긴 시간과 정성이 필요하며 종이 한 장씩을 쌓아 올리는 작업처럼 더디지만 무너져 내리는 것은 순간의 실수면 충분하다. 병원에서 생각하기엔 아주 사소해 보이는 한 두 가지 잘못이 고객을 짜증스럽게 하고 두 번 다시 찾아오지 않게 하며 주변에 악평을 하는 원인이 된다. 내부 직원은 그 병원을 대표하는 얼굴이다. 위에 말한 직원들 가운데 단정하고 청결한 느낌을 주는 직원이 있는가? 깔끔한 용모와 세련된 이미지는 개인과 병원의 첫인상에 긍정적인 영향을 주고 신뢰감을 형성함은 물론 서비스 품질의 제고로 귀결된다.

## 내가 우리 병원의 브랜드 가치를 결정한다

직원이 100여 명이나 되는 대형 치과병원의 총괄실장을 업무상 만난 적이 있다. 검은색 원피스에 하얀색 타이트한 자켓, 힐이 높은 구두를 신고 또각또각 걸어오는데 가슴에 달린 금색 배지가 유난히 빛나면서 분위기를 압도하는 느낌을 주었다. 그런데 점점 다가올수록 이상하다는 느낌이 들었는데 하얀색 재킷은 '땡땡이' 무늬인가 싶을 정도로 보풀이 엄청 심했고 검정 원피스에도 많은 보풀이 보였다. 이야기를 나누던 중 그가 일부러 지저분한 옷을 입고 일을 한다며 당당하고 자랑스럽게 이야기하는 것이다. 그래야 병원장이 새 유니폼을 맞춰주지 않겠냐며 아무렇지 않게 웃으며 이야기를 하는 그가 자신의 업무에 무책임한 사람으로 느껴지면서 기대했던 신뢰감이 뚝 떨어지는 기분을 느꼈다.

한림대 성심병원 연구팀은 대학병원 신경외과 외래에 내원하거나 입원한 환자 100명을 대상으로 의사의 복장, 용모, 배경 등에 관한 선호도를 조사했다.

연구팀은 흰 가운 등 여러 복장을 조합해 병원에서 볼 수 있는 6명의 의사 사진을 보여준 뒤 선호하는 스타일을 살펴봤다. 선호도를 점수화해 순위를 매긴 결과, 흰 셔츠에 넥타이를 매고 흰 가운에 명찰을 착용한 의사가 1위를 차지했다. 그다음은 흰 가운에 명찰 착용을 한 상태에서 캐주얼을 안에 입은 의사였다. 이후 유니폼작업복, 수술복 순으로 선호했는데, 흰 가운과 명찰이 없는 의사의 선호도는 매우 낮은 것으로 나타났다.

특히 개별 항목을 조사한 결과에서도 76%가 '명찰 착용'을 선호하는 것으로 조사됐다. 명찰을 중시하는 건 의사가 환자에게 자신의 이름을 먼저 밝히지 않는 한, 환자가 의사가 누군지 확인할 방법이 없기 때문이다. 게다가 환자가 진료실에서 명찰의 이름을 미처 확인하지 못하더라도 명찰 착용 여부 자체는 환자의 기억에 남아 환자와 의사의 관계에 영향을 줄 수 있다.

오재근 한림대 성심병원 신경외과 교수는 진료현장에서 의사가 명찰을 단 것 자체로 환자는 자신을 치료할 의사 이름을 직접 확인할 수 있기 때문에 명찰 착용은 환자에게 신뢰감을 주는 첫걸음이라고 말했다.

출처 : KBS뉴스, 2019.12.24

필자는 강남역 인근에 있는 다수의 병원과 아카데미에서 수년간 교육을 해 왔었다. 점심시간이 되어 강남역 인근의 건물들을 지나다 보면 병원 유니폼, 수술복에 명찰까지 착용한 직원들이 골목이나 길에서 흡연하는 장면을 심심치 않게 목격할 수 있었다. 남녀노소 가릴 것 없이 병원 유니폼뿐만이 아니라 심지어 수술실에서 착용하고 있어야 할 수술복 차림에 두건을 하고 나와서 담배를 피며 침을 뱉는 직원들의 태도가 경악스러울 따름이었다.

대한민국에서 인기 정상을 달리던 연예인을 하루아침에 고꾸라트리는 것에 두 가지가 있다고 한다. 하나는 '군대에 안 가는 것'이고, 다른 하나는 '대부업체 광고에 나가는 것'이라고 한다. 한때 청소년 금연홍보사절로까지 활동하면서 '건실한 청년'의 이미지를 쌓았던 모 댄스 가수의 이미지는 군 입대 기피로 하루아침에 박살이 났다. 대부업체 광고에 출연했던 한 여배우는 광고 계약 기간이 남아 있었지만, 결국 거액의 출연료를 돌려주고 중도하차 했다. '연예인이 앞장서서 사채 이용을 조장한다'는 비난 여론에 밀려서 그야말로 혼이 난 것이다. 연예인들은 이미지로 먹고산다고 해도 과언이 아니다.

좋은 이미지를 심는 데는 오랜 시간이 걸리지만, 좋았던 이미지가 추락하는 것은 한순간이다. 위기 상황에서 이미지 관리에 실패해 유명인사나 기업, 국가의 신뢰도가 급격하게 떨어지는 것을 흔히 보게 된다. 우리는 유명한 브랜드의 상표를 믿고 상품을 산다. 브랜드 이미지에 의한 후광 효과다. 상품이나 기업, 국가에 대한 브랜드 이미지가 좋으면 그 상품은 '좋을 것이다'라는 긍정적인 맥락, 즉 선입견을 형성해 똑같은 조건이어도 그 상품을 선택하게 된다. 그러므로 개인이나 기업, 병원이나 국가의 브랜드 가치를 높이는 것은 매우 중요하고 또 효과적인 투자라 할 수 있다. 개인이든 기업이든 처음부터 어떠한 이미지로 인정받고 싶은지 자신의 이상적인 자아상, 혹은 소비자에게 사랑받기 위한 상품의 이미지를 수립하고 그에 따라 표현하는 전략이 필요하다. 유명 정치인이나 연예인, 의사 등 개인도 '퍼스널 브랜딩Personal Branding'에서 이미지 마케팅 전략을 세울 때 눈빛, 표정, 헤어 스타일, 옷차림, 걸음걸이와 자세, 말투, 말의 속도와 목소리뿐만 아니라 SNS 마케팅과 책을 쓰거나 로고를 만드는 일까지 통합적으로 관리하는 전략이 필요하다.

기업의 이미지를 평가하고 결정하는 것은 소비자들이기에 결국 소비자가 사용하는 상품이나 소비자와 만나는 직장인의 이미지에 따라 기업의 브랜드 가치가 결정된다. 따라서 환자를 만나는 접점에서 그 사람들의 마음을 얻을 수 있도록 병원의 좋은 이미지를 만드는 것은 돈을 들이지 않고 최고의 홍보와 마케팅 효과를 얻을 수 있는 전략이 된다. 따라서 병원에 속한 사람들은 '나 하나쯤이야'가 아니라 '나로 인해'라는 생각으로 '내가 우리 병원의 브랜드 가치를 결정한다'는 자세로 책임감을 가질 필요가 있다.

'퍼스널 브랜딩' 시대를 살아가고 있는 요즘, 자신의 이미지를 가치 있게 브랜드화하는 것은 전문가다운 매너를 갖추는 것이다. 또한 기업의 브랜드 이미지를 호감과 신뢰의 이미지로 형성하는 것은 대단히 중요한 마케팅 전략의 하나다. 병원 마케팅 있어서는 직원 개개인의 이미지가 곧 병원을 대표하는 이미지가 될 수도 있음을 명심해야 한다.

## 최고의 직원 vs 최악의 직원

병원 현장 직원들을 대상으로 근무 태도에 대한 교육을 할 때, 의료진을 포함한 내가 경험했거나 혹은 내가 생각하는 최고의 병원 직원과 최악의 병원 직원의 이미지에는 무엇이 떠오르는지 강의 시작 전에 팀별로 적어보는 시간을 갖는다.

최고의 직원으로는 밝게 웃으며 인사하고 미소 지으며 경청하고 헤어 스타일과 화장, 복장 등이 단정함은 물론 바른 말투를 사용하고 아이 컨텍을 하고 자세한 설명 및 안내를 하는 직원이 꼽혔고 최악의 직원으로는 술·담배 냄새를 풍기며 맨발의 슬리퍼 차림에 성의 없이 대답하고 무표정하며 요란한 복장과 화장을 하거나 '떡진' 머리와 컨디션 엉망으로 보이는 창백한 표정을 짓고 지저분한 손톱을 한 직원 등이 꼽혔다.

최고의 직원의 근무 태도가 어떠한 것이었는지 경험한 것이 있다면 그것을 실행하면 되는 것이고 최악의 직원의 태도가 어떤 것인지 안다면 그것을 절대 하지 않으면 되는 것이다. 병원 근무 태도에 대한 정답은 너무 쉽지 않은가? 하지만 현재 자신의 모습은 어떠한지 스스로 점검하고 스스로 최고의 직원이 될 수 있게 실행하는 것은 쉽지가 않다.

'유전무죄有錢無罪'와 유사한 조어로 '미인무죄美人無罪'라는 말이 있다. 말 그대로 잘생긴 사람이 무죄 판결을 받을 확률이 높다는 의미이다. 예쁘고 잘생긴 외모가 배심원들이나 판사들에게 호감을 주기 때문이다. 그러나 잘생긴 외모는 고객의 호감을 얻는 방법 중 극히 일부분에 지나지 않는다.

세계적인 심리학자인 로버트 치알디니도 상대를 설득하는 데 있어 가장 유용한 방법 중 하나로 호감을 꼽는다. 그는 설득의 6가지를 설파하고 있는데, 그중 하나가 바로 '호감의 법칙'이다. 미소를 띠며 무언가를 팔거나 서비스를 제공할 경우, 그렇지 않은 경우보다 몇 배나 높은 성과를 올리는 사례가 우리 주변에 무수히 많다.

새로 오픈한 한 피부과에 갔을 때다. 병원장의 친절한 상담이 끝나고 상담실장을 만났는데 순간 눈을 의심했다. 검은 가죽바지에 통굽 워커, 숏 커트에 날카로운 아이라이너, 빨간 립스틱, 그리고 버스 손잡이만 한 귀걸이와 카우보이를 연상케 하는 모피 상의, 순간 '언프리스타일 랩'에 나온 '래퍼 치타' 씨로 착각할 정도였다. 개성이 강한 직업의 치타 씨를 뭐라고 하는 것은 아니다. 적어도 병원에 근무하는 실장의 이미지는 아니기에 적잖이 당황하고 있는데, 상담실 안에서 '윤경 님은 해야 할 시술이 너무 많다.', '이거 반드시 하셔야 해!'하면서 반말과 존댓말을 섞으며 고압적으로 상담하는 자세에 기분이 몹시 상해 시술을 하지 않고 돌아왔다.

UCLA 심리학과 교수였던 알버트 메라비언Albert Methrabian 교

수는 전달되는 메시지의 전체적인 영향 중에서 약 7%가 말이야
기에 의한 것이고, 38%는 목소리음조, 억양, 속도 등에 의한 것이며,
55%는 비언어적인 것looks이라고 하였다. 이러한 조사 결과는
말을 할 때 '무슨 말을 하는가'보다 '상대에게 어떻게 보이느냐'
가 더 중요하다는 사실을 시사한다.

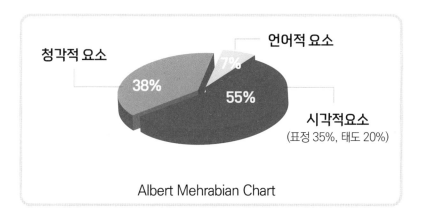

환자가 병원을 처음 접할 때, 직원의 용모, 표정, 말투 등이 병
원의 첫인상을 형성한다. 사실 고객들이 볼 수 없는 곳에서는 직
원들이 서로에게 어떻게 보이든지 별 상관이 없다. 만약 IT회사
프로그램 개발자가 '캐주얼 금요일'을 원하거나 복장 규정을 없
애려고 한다면 아무도 신경 쓰지 않을 것이다. 그들은 고객들과
얼굴을 마주하지 않는다. 그들의 고객들은 컴퓨터에 문제가 있
어도 온라인으로 상담하기 때문에 서비스 센터 직원을 직접 만
날 일이 없다.

하지만 병원을 찾는 환자들, 은행이나 호텔, 레스토랑에 있는 고객들에게는 다른 이야기다. 우리의 고객들은 회사를 대표하는 직원들과 항상 얼굴을 마주하며, 그들이 받는 첫인상은 종종 그들에게 가장 오래 남는 인상이 된다.

그래서 여러 결과를 종합하면 눈에 보이는 용모와 복장이 생각 이상으로 다른 사람들의 행동에 영향을 미친다는 것을 알 수 있다. 또한 옷은 단순한 기능이 아니라 무언의 메시지를 전달하는 도구이다.

따라서 누군가를 처음 만날 때는 자신의 전문성과 신뢰를 보여 줄 수 있는 옷을 입어야 한다. 아직 모든 것이 불확실해 보일 때, 그 사람의 옷차림에 근거하여 그 사람의 조언이나 충고를 따를 것인지를 결정하기 때문이다.

이미지란 '특정한 브랜드, 제품, 판매점, 기업에 대해 다중이 느끼는 현실적 또는 상상적 특질'을 말하며, 이미지 메이킹이란 '어떤 목표나 상황을 이미지화하여 실제로 실현하는 메커니즘' 이라고 할 수 있다. 그래서 병원의 이미지 메이킹과 복장이 중요한 것이다.

의료진들 스스로 자신의 이미지 메이킹에 좀 더 신경을 써야 한다. 남녀 모두에게 해당하지만, 이미지 메이킹에 좀 더 신중을 기해야 하는 쪽은 여성 의료진이다. 진료 과목에 따라 다르기는 하지만, 평균 70% 이상의 고객이 바로 여성이기 때문으로 산부인과나 소아과는 거의 100%가 여성 고객들로 이루어져 있으며 피부과나 성형외과도 이와 비슷하다.

그렇다면 고객의 호감을 얻기 위해 무엇을 어떻게 하면 좋을까? 이에 대해서는 2가지 접근 방법이 있을 수 있다. 하나는 외모, 매너, 옷차림 등 비언어적 요소를 활용하는 방법이고, 다른 하나는 고객과 대화하는 기술, 즉 언어적 요소를 통하는 방법이다.

병원에서의 언어적, 비언어적 요소들은 치료 이상으로 감성 서비스를 제공하는 수단이 되고 있으며, 병원 고객 서비스의 중요한 부분으로 고객 만족도에 큰 영향을 미친다. 고객을 상대하는 직원의 모든 행동과 태도가 병원의 이미지에 반영되어 고객의 발길을 돌리기도 하고 아니면 반대로 아무리 거리가 멀어도 꼭 그 병원만 찾아가는 결과를 만들기도 하는 것이다.

옛말에 옷을 바르게 입고 모자를 바르게 쓰는 것을 '의관정제衣冠整齊'라 했다. 바른 몸가짐은 모든 행동의 기본이자 교양의 척도이며 단정하고 우아한 몸가짐은 사람을 더욱 돋보이게 한다. 격식에 맞는 옷차림을 갖추고, 바르게 행동함이 기본이라는 뜻이다. 유니폼을 부서별 또는 직급별로 통일해서 착의하고, 명찰을 바르게 착용하는 것은 책임감과 신뢰감 형성에 도움이 될 뿐만 아니라 환자의 호감을 사는 첫걸음이 될 것이다.

# IV.

## 직원이 행복해야 환자가 행복하다

# 주인의식은 교육한다고 생기지 않는다

## 내가 하는 일의 가치

의료 서비스 종사자들 중에 상담실장이라는 직업이 있다. 피부과, 성형외과, 치과, 한의원, 안과, 산부인과, 비뇨기과, 쁘띠 클리닉 등에 이르기까지 수많은 진료과에서 흔히 만날 수 있는 사람들이다. 상담실장의 핵심 업무라 할 수 있는 상담업무는 병원의 매출과 직결되어 이들의 능력에 따라 병원의 수익이 좌지우지되기도 한다. 매출에 따른 인센티브를 받는 상담실장은 직급이 높고 고소득을 올릴 수 있는 많은 매력적인 직업으로 인식되기 때문에 신규 직원들 면담 시 근무하면서 하고 싶은 일이나 목표가 있느냐고 물어보면 열의 아홉은 상담을 배워 상담실장이 되고 싶다고 대답할 정도다.

그러나 사실 상담실장들은 매출 압박에 엄청난 스트레스를 받는다. 이러한 공통분모를 가진 많은 실장들이 서로의 경험과 노하우를 얻고자 소셜 카페에 가입하여 정보를 나누기도 하고, 본인의 상담 스킬을 알려주겠다는 유료 원 데이 스킬 세미나나 소모임을 혹은 자기계발을 위한 독서 모임 등에 참가하는 것을 종종 보아왔다. 어느 카페에 가입하니 가입 인사에 포부를 적는 공란이 있어 먼저 가입한 회원들의 포부를 찾아보았다. '연봉 1억 상담실장이 되고 싶습니다.', '인센티브 월 1천만 원의 상담실장이 되는 것이 목표입니다.' 등의 포부가 보였다.

어떤 직장이 '최고의 직장Best Employer'일까? 직원들을 만족시키는 기업인가? 안정적으로 퇴직 시까지 근무할 수 있는 직장인가? 연봉은 많고 업무 강도는 세지 않은 직장인가? 최고의 직장에 대한 정의는 회사를 판단하는 기준으로서 매우 중요할 것이다. 개인의 판단 기준도 중요하고 시대가 바뀌면서 구성원들의 가치관도 달라지고 있다. 많은 가장들은 가족과의 시간을 더욱 중요시 여기며, 이를 위해 이직도 서슴지 않는다.

나라마다, 개인마다, 세대마다 다소 차이가 있겠지만 여러 조건 중에서 좋은 직장의 첫 번째 조건은 경력개발을 통한 성장 기회를 제공하는 것이다.

　좋은 직장으로 소문난 베인앤컴퍼니, 보스턴컨설팅그룹, 맥킨지 등 컨설팅 회사들이 좋은 예다. 이들 기업의 직원들은 최고 수준의 경력개발 프로그램이 제공되고 전문성이 뛰어난 리더들이 멘토링과 코칭을 해주는 것이 최고의 직장을 만드는 원동력이라고 한결같이 말한다. 벤처기업처럼 주식을 받아 대박을 터뜨릴 수는 없어도 여기서 배우고 성장하면서 이 회사를 떠나서도 능력을 발휘하고 몸값을 높이기 좋은 곳이라는 믿음이 생긴다는 것이다. 상담업무는 스스로 동기부여를 하면 일의 가치와 보람을 느낄 수 있는 직업이 틀림없다.

　그럼 좋은 직장의 두 번째 조건은 무엇일까? 일의 의미와 가치를 느끼는 것이다. 한 MZ세대 직원이 직장생활의 어려움을 묻자 이렇게 대답한 적이 있다. "일하는 방법은 상사에게 물어보지 않고도 유튜브나 인터넷으로 알아볼 수 있어요. 그런데 일의 의미는 상사만이 설명할 수 있는데 그런 얘기를 해준 적이 없어요." 이 말은 텍스트 못지않게 컨텍스트가 중요하다는 뜻이다. 이 일이 왜 중요한지, 고객에게 어떤 영향을 미치는지, 이번 일의 목표와 기준을 사전에 상세하게 이야기해주는 것이 필요하다. 뿐만 아니라 구성원의 커리어 개발이나 성장기회와 어떤 관계가 있는지 짚어주는 것도 좋을 것이다. 'Way'보다 'Why'를 말해줘야 한다. 이렇게 되면 주인의식은 자연스럽게 생기게 마련이다,

병원에서도 그래야 한다. 직원 면담 시 '본인은 이 병원에서 무슨 일을 하는 사람인가'라는 질문을 던지면 저마다 본인이 맡은 직무에 관련된 이야기를 한다. '피부관리요.', '물리치료요.', '수술방 어시스트요.', '데스크 환자 안내요.'처럼 말이다. 병원뿐만이 아니라 대부분의 직장에서 꼭 해야 하는 역할과 업무 등 행위 중심적으로 일을 경험하고 배우게 되며 그것이 내가 하는 일이 된다. 즉 행위에만 집중된 업무를 오랫동안 경험하면 다른 직장에 가서도 그 경험이 바탕이 되어 계속 반복적인 업무를 하게 되고, 반복적인 일을 하다 보면 결국 그 일에서 벗어나지 못하고 갇히게 되는 것이다. 갇힌다는 것은 행위에만 집중해서 일 자체를 인식하는 수준이나 내용의 깊이와 넓이에 변화가 없게 된다는 것이고 이를 타파하고자 직장을 옮기기도 하며, 행위 중심적인 일들이 뜻대로 진행되지 않으면 이 직장의 일이 나에게 맞지 않는다는 판단을 하기도 한다.

이는 '일job'이 가지는 가치를 발견할 수 있는 시야가 생기지 않아 '일work'만 경험하면서 발생하는 현상이다.

이 과정에서 내가 맡고 있는 부분에서 실제로 하는 역할과 행위를 더해 판단하여야 하는 것이다. 그래서 기업은 미션을 정하게 된다.

기업이 이루고자 하는 꿈을 우리는 미션이라고 부른다. 미션을 종종 비전과 혼용해서 사용하는데 기업이 이익을 추구하는 이기적인 목표를 비전이라고 한다면 미션은 기업이 속한 사회와 국가, 고객에 대한 사명을 말한다. 즉 조직의 '존재 이유'이다. 예를 들어 '국내 No.1 제약기업'은 비전에 해당되며, '국민의 건강을 돌보는 제약기업' 정도가 미션에 해당될 것이다. 삼성전자의 미션은 '인재와 기술을 바탕으로 최고의 제품과 서비스를 창출하여 인류사회에 공헌한다.'이다. 그럼 병원의 미션은 무엇이 되어야 하는가. 연세대학교 세브란스 병원의 미션은 눈여겨볼 만하다. '하나님의 사랑으로 인류를 질병으로부터 자유롭게 한다.'이다. 이러한 병원의 존재 이유를 깨닫게 될 때 직원들은 비로소 자기가 하는 일의 진정한 가치를 깨닫게 된다.

미국 항공우주국NASA에 린든 존슨 대통령이 방문했을 때의 일화이다. 너무나 즐겁게 일하는 한 청소부를 보고 그에게 청소를 하는데 무엇이 그리 즐거운지 물었다. 그 청소부는 '저는 일개 청소부가 아닙니다. 인간을 달에 보내는 일을 돕는 중입니다.'라고 대답하였다.

내가 수행하고 있는 직무청소를 보다 의미 있게 재정의인간을 달에 보내는 일을 돕는 중 할 수 있는 가치를 발견해야 한다. 예를 들어 단지 내가 하는 일이 병원 청소라고만 생각한다면 정형적이고 반복적인 패턴의 직무가 된다. 하지만 나는 환자를 위한 치료팀의 일원이며 내 직무를 환자들에게 위생적인 환경을 제공하는데 중요한 부분을 수행하는 것으로 재정의하는 순간, 내 직무는 환자들에게 기쁨과 즐거움을 주어 그들이 빠른 시일 내에 회복하는 것을 돕는 것으로, 낮은 가치의 단조로운 직무에서 높은 가치를 가지는 보람 있는 직무로 바뀔 수 있다.

내가 하고 있는 일을 통해 발생시킬 수 있는 가치를 고객에게 전달할 수 있다면, 몇 마디 말로도 상대에게 나의 진심과 진정성은 충분히 전달할 수 있다. 결국 내가 가진 일에 대한 경험이 쌓여가며 나의 가치관이 단단하게 형성되는 것이다.

직업을 통해서 형성되는 가치관은 개인의 느낌, 지각, 사고로 나타나는 신념과 태도이며 조직 구성원들이 가지는 가치관이 조직이 중요시하는 가치와 조화를 이룰 때 조직 구성원들의 조직에 대한 애착이 형성되고 직무 만족으로 연결된다는 연구 결과도 있다. 이 연구 결과에 의하면 직업 가치관이 가지는 내재적인 의미에는 자기 능력을 발휘할 수 있는 것, 사회 헌신과 봉사, 타인을 존중하는 인간관계 중심이 있었고, 외재적인 의미로는 금전적인 보상으로서의 경제적인 안정, 사회 인식 중시, 직업의 안정성이었다.

상담을 배워 상담실장이 되고 싶다는 직원들에게 혹시 하고자 하는 일의 가치가 무엇이기에 도전하고 싶은지 다시 질문한 적이 있다. 머뭇거리며 대답하는 대다수의 직원들은 열심히 일해서 승진하고 월급도 많이 받고 싶다는 것이었다. 아직은 사회 초년생이고 대화의 기술이 서툴기에 '성장'이라는 단어라든지, '내가 하는 일이 환자들에게 어떠한 영향이 있었으면 좋겠다'라는 말들을 하지는 못했겠지만, 이 업계에서 경력을 쌓아 높은 위치에서 내 역량을 인정받고 오랫동안 이 일을 하고 싶다는 속뜻이 있었으리라 생각해 본다.

코디네이터 강의에 갔다가 학생 중에 남자 코디네이터로 입사를 희망하는 수강생을 만난 적이 있다. 보건행정학과나 의무행정학과를 졸업한 원무과의 남자 직원들은 쉽게 찾아볼 수 있지만, 코디네이터라는 직업은 대부분 여성이 선호하는 직업이다 보니 왜 이 직업을 선택하려는지 이유가 궁금해서 물어보게 되었다. 그 학생은 무분별한 성형으로 고통받는 여성들을 보며 안타까운 마음이 들었으며, 개인마다 꼭 필요한 성형이 무엇인지 남성의 관점으로 볼 때 어떤 점이 더 매력적으로 느껴지는지에 대해 이야기해주며 자신감을 주고 싶다는 것이다. 수료 후 성형외과에 입사하여 경력을 쌓고 상담을 하는 일을 하고 있을 자신을 기대한다며 덤덤하고도 차분히 이야기하는 그 학생의 일에 대한 태도와 확고한 신념이 매우 인상적이었다.

## 리더의 솔선수범

당신이 한 타이어 회사의 공장장이라고 생각해 보자. 요즘 타이어의 불량률이 매우 높고 안전사고도 자주 발생하고 있다. 그 이유가 공장이 더럽고 작업장의 정리정돈이 되어있지 않으며, 직원들도 불친절하기 때문이라고 생각한다. 불량률과 안전사고를 감소시키기 위해서는 먼저 공장을 깨끗이 하고, 작업대 주변을 정리하며 친절을 생활화해야 한다는 결론에 이른다. 그래서 '청소를 잘하자', '정리정돈을 습관화하자', '서로 먼저 인사하자' 라는 구체적인 지시를 내린다. 과연 더러웠던 공장이 하루아침에 깨끗해지고 작업 도구들은 정리되어 있으며 사람들이 친절해졌을까. 제품의 불량률이 감소하여 품질이 더 좋아졌을까. 그럴리가 없다. 입으로만 떠들 것이 아니라 공장장이 일찍 출근하여 공장을 청소하고, 먼저 공장 구석구석 돌아다니며 쓰레기나 이물질이 있으면 누구보다 먼저 줍고, 누구를 만나든 즐겁고 행복한 마음으로 먼저 인사해야 한다. 적어도 서너 달 정도 시간이 지나면서 구성원들은 '우리 공장장은 말한 것을 직접 실천하는 사람, 우리를 도와주는 사람, 인사 잘하는 사람'으로 인식하게 될 것이고, 그제야 공장장의 행동에 자발적으로 참여할 것이다. 그 결과 공장의 불량률은 줄어들고 안전사고 없는 공장으로 변화할 것이다. 이처럼 모든 변화의 중심에는 리더의 솔선수범이 자리한다. 리더의 솔선수범은 구성원의 마음을 움직이고 감동시켜 자발적으로 참여하게 만드는 힘의 원천이다.

병원의 혁신과 변화를 이끌어 내는 원동력도 병원장의 솔선수범에 있다고 해도 과언이 아니다. 필자가 근무했던 병원의 원장이 입버릇처럼 했던 말 가운데 하나가 '주인의식'이었다. '내 병원이라 생각해라, 내가 주인이고 원장이라면 환자에게 어떻게 할 것인가? 물품을 어떻게 아껴 쓸 것이냐를 고민해야 하며 경영자의 마인드로 책임감을 가지고 근무해라.' 직원들에게 늘 강조했던 말들이었다. 진료를 받으러 온 환자가 보험진료환자라는 이유로 레이저 시술 예약자들에게 밀려 1시간 반을 대기 한 후 드디어 차례가 되어 진료를 받았는데, '약 먹고 바르고 3일 뒤에 오세요.'라며 20초 만에 진료가 끝나 버렸다. '1시간 반을 기다렸는데 진료는 1분도 안 걸리네. 참 너무하네.'라는 환자의 불만의 목소리에 데스크로 직접 나와 환자가 보는 앞에서 차트를 집어던지며 '이런 보험환자 받지 마!'라며 소리를 지른 그 원장이 늘 강조하던 말이다.

리더는 자신이 온몸으로 커뮤니케이션을 하고 있다는 사실을 잊지 말아야 한다. 말로는 비전을 외치고 목표를 강조하는 리더가 물건을 집어 던지거나 어두운 표정과 축 처진 어깨로 걸어 다닌다고 생각해 보자. 그의 휘하에 있는 부하 직원들은 조직에 비전이 없으며, 목표 달성이 쉽지 않을 거라고 판단하며, 고객에게 좋은 서비스를 해야겠다고 결심할 리가 없다.

늘 '환자들에게 최고의 친절을 서비스하는 병원을 만들어야 한다.'라며 귀에 딱지가 생기도록 강조하던 원장은 본인의 기분과 성격대로 환자들과 직원들에게 막말을 할 때가 많았다. 주인의식, 사장의식을 가지라며 회의 때 전 직원에게 이야기할 때면, 직원들은 우스갯소리로 '아, 원장님처럼 기분대로 소리 지르고 신경질 내면 되는 건가?'라며 비웃기도 하였다. 시시각각 기분에 따라 이랬다저랬다 하며 중심 없이 본을 보이지 않는 원장에 대한 신뢰가 떨어진 상황에서 사장처럼 일하라는 말은 그저 허공에 떠도는 말이었고 '그렇게 일하라고 강요할 거면 사장처럼 월급을 주세요.', '열심히 일하면 사장님만 배불러요.'라며 볼멘소리를 내기도 했다.

내가 하는 일에 대한 태도와 관점, 그리고 나아가 내가 속한 조직에 대한 충성심으로 우리가 기억해야 할 것이 바로 '주인의식'이다. 이 책의 공동저자인 장정빈 교수는 저서 『하루를 일해도 사장처럼』에서 '주인의식'이란 주인을 위해서 일하라는 것이 아니라 내가 하는 일에 대해 열정과 책임감을 가지고 일하는 것이며, 가르치고 강요한다고 생기는 것이 아닌 마음에서 우러나와야 하는 것이라는 메시지를 전달한다. 환자와 직원들에게 막말을 서슴지 않는 원장과 일하는 직원들이 과연 주인의식을 가지고 환자에게 서비스할 수 있을까?

그렇다면 직원들의 마음에서 '주인의식', 즉 사장처럼 일하려는 마음을 우러나오게 하려면 어떻게 해야 할까? 병원은 직원들에게 일에 대한 가치를 명확히 제시할 수 있으면 되고, 신념과 철학을 가진 직원을 채용하면 되는 것일까? 그런 직원은 면접 때 어떻게 알 수 있으며 그런 직원만 뽑을 수 있다면 우리 병원은 주인의식이 투철하고 철철 넘치는 조직이 될 수 있을까?

지금은 네이버 영수증 리뷰나 카카오맵 리뷰 등을 통해 실시간으로 병원에 대한 이야기가 박제되는 세상이다. 직원들에게도 환자들에게도 함부로 대하는 것은 참으로 미련한 행위이다. 그럼에도 솔선수범하지 않는 리더가 직원에게 주인의식을 가지라고 강요한다면 그게 가능이나 할까?

슈바이처 박사는 '모범을 보이는 것은 다른 사람에게 영향을 미치는 가장 좋은 방법이 아니다. 그것은 유일한 방법이다.'라는 말로 리더의 솔선수범의 중요성을 강조했다. 리더는 먼저 솔선하고 이를 통해 구성원에게 모범을 보여야 한다.

## 환자경험에 탁월한 인재상

　서비스가 탁월한 기업들은 무엇보다 직원의 채용과 교육에 각별하게 신경을 쓴다. 이들은 우수한 사원을 채용하여 치밀한 계획에 따라 강도 높은 교육을 시킨다. 디즈니랜드나 에버랜드는 직원들을 연극배우처럼 여긴다. 그래서 고객을 '게스트guest', 직원을 '캐스트cast'라고 부른다. 유니폼은 무대의상이 되는 셈이다. 연극의 성공 여부는 무엇보다도 얼마나 신중하게 오디션을 진행해서 역할에 잘 맞는 배우를 선정했는가에 달려 있다.

　미국의 경영 컨설턴트인 톰 피터스가 '도대체 이렇게 큰 회사에서 어떻게 직원들이 모두 웃을 수 있습니까?'라고 묻자, 스타벅스의 하워드 슐츠 사장은 "첫째, 우리는 웃을 줄 아는 사람을 뽑습니다. 둘째, 정말로 잘 웃는 사람을 승진시킵니다."라고 대답했다. 싱가포르항공SIA의 승무원들이 항상 미소를 짓고 있는 것은 특별한 스마일 교육 때문이 아니라 채용 때부터 잘 웃는 사람을 뽑기 때문이다. 그들은 왜 승무원들이 '환하게' 미소짓지 않고 살짝 미소 짓는지를 관찰했다. 문제는 그녀들의 치아였다. 그래서 싱가포르항공은 치아가 고른 사람만 채용한다. 싱가포르항공은 교육으로 바뀔 수 없는 선천적인 특성으로 성실성, 독창성, 지성, 사교적 기술과 함께 키, 치아, 눈, 몸무게 등 신체적 사항 등을 들고 있는데, 선발위원회가 이러한 조건을 매우 중시한다고 한다.

사람은 능력도 타고나지만, 성격도 타고난다. 성격은 아무리 교육시키더라도 그 자체를 통째로 바꾸기가 어렵다고 한다. 단점을 알게 해주고 장점을 충분하게 발휘할 수 있도록 하는 것이 더 현명할 수 있다는 말이다. 안타깝게도 교육만으로 서비스에 탁월한 직원을 만들 수는 없다. 교육은 끼가 넘치고 사려 깊고 성실한 직원을 선발해서 그 능력을 최대한으로 발휘하도록 돕는 수단일 뿐이다. '최고의 태도는 훈련되거나 교육되지 않는다. 그것은 채용되어야 한다'는 말도 그런 뜻이다. '기업이 신입사원 한 사람을 채용하는 데 40분밖에 투자하지 않는다면, 그 사람의 잘못을 바로잡기 위한 교육을 하는 데는 400시간이 걸린다.'는 피터 드러커의 말도 역시 같은 맥락이다

서비스 현장에서 직원을 뽑는 발탁 기준은 관련 기술과 지식 등 '서비스 수행 능력service competencies'과 가치관, 사교성, 친근감, 고객에 대한 배려 등의 '서비스 경향service inclination' 등 두 가지로 구분된다.

그렇다면 의료현장과 환자 사이에서 요구되는 성향과 자질은 어떤 것이 있을까?

① 친절하고 다정한 성향의 사람

② 환자를 돌보는 직무에서 즐거움을 느끼는 사람

③ 스스로 만족감이 높은 사람

④ 이타적인 성향이 강한 사람

⑤ 사람들과의 관계 형성을 즐기는 사람

또한 의료현장에서 이런 가치관이 뚜렷한 사람이다.

① '만약 내가 환자라면?'하고 생각하는 사람

② '만약 저 환자가 내 부모형제라면?'하고 생각하는 사람

③ '만약 이 상황에서 저 환자를 충분히 만족시킬 수 있는 방법이 있다면?'하고 적극적으로 생각할 줄 아는 사람

④ '만약 이 상황에서 저 환자의 불만을 해소해줄 수 있는 사람이 나밖에 없다면?'이라고 능동적으로 생각할 줄 아는 사람

이러한 자질과 사고방식은 가르칠 수도, 배울 수도 없는 '자질과 성향'이라 병원은 이런 재능을 가진 사람을 제대로 알아보고 채용해야 할 것이다. 어느 조직에서든 전 회사의 가장 큰 자산은 '능력 있는 직원'이다. 그렇다면 반대로 가장 큰 손실은 무엇일까? 고객의 이탈이나 매출 부진이 아니다. 그보다 가장 큰 손실은 '부적합한 직원'이다. 급하다고 분별없이 채용하게 되면 장기적으로 비용 낭비는 물론 그 직원의 나쁜 서비스로 인해 병원

의 존립 자체까지 위협받게 된다. 어렵게 뽑아 쉽게 가르칠 것인지, 쉽게 뽑아 어렵게 가르칠 것인지 선택은 전적으로 경영자에게 달려 있다.

## 여긴 아닌 것 같아요!

한 회사의 CS 컨설팅을 진행하는 도중에 그 회사가 수억 원 대의 프로젝트를 수주했다. 담당자에게 축하한다, 정말 잘 됐다고 축하했더니, '사장님이 좋지, 우리는 일만 늘어나고 야근만 늘어나겠네요.'라는 대답이 돌아왔다. 이래서는 직원들이 회사와 고객을 위해 열정을 쏟기를 기대하기 어렵다. 사실 기업의 성공을 위해서는 고객과 직원 모두 중요하다. 상품을 구입하는 사람만 고객이 아니다. 직원도 중요한 고객이다. 이를 구분하자면 상품을 구매하는 고객은 외부고객이고, 직원은 내부고객이다.

내부고객이란 기업 내의 고객으로 사내 직원을 의미하며, 외부고객은 기업의 상품이나 서비스를 제공받는 좁은 의미의 고객인 최종고객소비자, 환자을 말하며, 협력고객은 기업과 소비자 간의 중간 역할을 하는 판매점, 대리점유통망, 제품이나 원료를 공급하는 협력업체를 의미한다.

내부고객은 상품이나 서비스를 제공하는 기업 내부의 모든 사람들이며 조직의 최일선에서 외부고객과의 접점에서 만족과 불만족을 결정하는 주체이다. 내부고객의 만족 없이는 외부고객의 만족도 생각할 수 없으며, 내부고객 만족이 기업경영 성과 및 생산성 향상에 연결되는 것이기에 직원을 고객으로 바라보는 시각이 필요하다.

직원을 고객으로 보고 직원을 대상으로 하는 마케팅이 내부 마케팅이다. 내부 마케팅은 경영진이 직원의 역할과 중요성을 인식하는 것부터 시작된다. 사우스웨스트항공 창업주 허브 켈러허는 '직원, 주주, 고객 셋 중에서 직원이 가장 우선시 되어야 한다.'고 강조한다. 직원을 존중하고 보살피면, 만족한 직원이 고객을 세심하게 보살펴 다시 찾게 만들고 궁극적으로 주주에게 도움이 된다는 논리다. 행복한 직원이 행복한 고객을 만든다. 직원이 고객에게 잘하길 원한다면 우선 직원에게 잘해야 한다. 직원이 제대로 대우를 받아야 고객에게 최상의 서비스를 제공할 수 있다.

'우리는 신사숙녀를 모시는 신사숙녀입니다.We are ladies and genetlemen serving ladies and gentlemen.'

탁월한 서비스로 명성을 떨치는 리츠칼튼 호텔의 슬로건도 이와 맥을 같이한다. 직원이 비전을 갖고 자신의 일에 긍지를 느껴야 탁월한 서비스가 제공된다.

의료기관의 내부 마케팅 활동이 종사자들의 직무성과에 미치는 영향에 대한 한 연구의 결과에 의하면 보상, 권한, 교육, 경영 참여, 경영자의 관여 등에 대한 요소 중 직원들이 높은 직무 만족으로 인해 이탈하지 않을 요소로 경영 참여가 꼽혔다. 환자 한 사람의 진료는 약 20여 명의 직원을 거쳐 완료된다는 이야기가 있다. 그만큼 병원은 여러 전문 부서의 검사와 진단, 서비스 등 전체의 협력이 이루어져야 진료가 완성되기에 직원 보상의 기준을 잡는 것이 다른 영업의 분야보다 애매한 것이 사실이다. 또한 즉각 결단을 내리고 환자의 진료 방향을 결정할 수 있는 결정권을 위임한다고 해도 사람의 생명과 연결된 경우가 많아서 판단착오로 책임을 지게 되는 부담감으로 인해 권한위임 또한 부담스러운 것이 현실이다.

그러나 경영진이 직원 개개인의 목소리에 귀를 기울이고 힘을 실어줄 때 그들에게 내가 이 조직의 일원이자 주인이라는 의식을 심어줄 수 있고 이것이 직원이 만족할 수 있는 요소가 될 수 있는 것이다. 지시하는 대로만, 시키는 대로만 근무하는 것이 아니라 경영에 대한 자유로운 의견 제시와 함께 주인의식을 가지고 자발적으로 병원을 생각하고 경영에 관심 가지게 하는 연구 결과이다.

개원 6년 차에 직원이 30명 정도 되는 S병원에 입사하고 보니 가장 오래된 선임은 3년 차였고, 한두 명을 제외하고는 모두 1년 미만의 직원들이었다. 놀랍게도 개원 이래 병원과 함께한 직원이 한 명도 없었으며 3년을 넘긴 직원이 아무도 없었다. 내가 입사한 이후에도 2~3명의 입사자와 퇴사자가 있었고 심지어 오전에 출근했다가 점심 전에 퇴사한 직원도 있었다. 한 달이 채 되지 않은 사이에 몇 명의 입·퇴사를 옆에서 경험하면서 나 역시도 내가 오랫동안 몸담을 수 있는 곳인지 고민이 많아지기 시작했다. 전에도 이런 곳의 병원을 경험한 적이 있었는데, 개원한 지 8개월밖에 되지 않은 C병원에 필자가 4번째로 입사한 실장이었다. 두 병원의 퇴사 직원들이 가장 많이 꼽은 퇴사 사유는 '이곳은 너무 체계가 없고 비전이 없어 보여요.'였다.

수준 높은 서비스와 상품을 통해서 고객만족도를 높여 고객 이탈을 막는 '고객경험관리'를 해야 하는 것처럼, 직원들이 원하는 것을 모두 반영하여 이직을 막는 선제적인 대응을 하는 기업들이 많아지고 있다. '직원경험employee experience'을 체계적으로 관리해 궁극적으로 '고객경험customer experience'을 극대화하겠다는 노력이다.

'직원경험관리'를 위해서는 먼저 우리의 내부고객들은 왜 퇴사를 하는가부터 분석할 필요가 있다. 퇴사하는 모든 직원의 사유를 고민할 수는 없겠지만 입사와 퇴사가 자주 반복되고 있는 조직이라면 내부의 상황을 심각하게 인지하고 신중히 들여다보고 반드시 문제점을 짚어 봐야 한다. 퇴사 사유로 체계와 비전을 꼽았다면 더더욱 말이다. 업무의 강도와 방식이 어떠한 방향으로 흘러가는지, 직원들을 극으로 내몰고 있는 것은 아닌지, 만약에 그렇다면 그것을 해결할 수 있는 방법은 무엇이며 해결하고자 하는 의지가 있는지에 대해서 말이다. 직원들의 사기를 충족시킬 수 있는 방법은 무엇인지, 더 나아가 직원들이 성장할 수 있는 방향이 체계적이고 비전이 충만하고 만족할 수 있는 조직이 되기 위해서는 어떠한 과정이 필요하며 그것이 오랫동안 근무할 조직으로서의 인식을 넘어 확신으로 연결되는지에 대해 진지하게 고민해야 할 것이다. 단지 우리 병원과 맞지 않는 직원이 입사하고 퇴사했을 뿐이라고 치부하는 것은 너무나 안일한 태도이며 직원에 대한 관심이 부족하다고 밖에 느껴지지 않는다.

이러한 일이 반복되면 기존의 직원들에게도 반드시 부정적인 영향을 미친다. 믿고 다닐만한 조직인지에 대한 의심이 들 것이고 불신은 고객 서비스에도 영향을 끼치게 될 것이다.

# 우리 병원의 직원은 왜 자꾸 퇴사할까

## 대大퇴직 현상, 그리고 유지전략

최근 세계적으로 '대퇴직The Great Retirement' 현상이 사회적 이슈로 떠올랐는데, 국내도 예외는 아니다. 취업 포털 사이트 잡코리아의 조사2023.3월에 따르면, 상반기 내 적극적 구직활동 중이라는 응답이 32%, 수시로 채용공고를 살피며 기회를 탐색 중이라는 응답이 58%에 이르고 있다.

병원업계도 퇴사 열풍으로 사람이 없다는 말이 들린다. 간호사 등 일부 직종은 이미 구인난에 몸살을 앓은 지 오래다. 흥미로운 점은 병원 행정직은 대형병원일수록 지원자의 학력이 올라가고 경쟁률도 치솟는 경향을 보이지만 중소병원급에서 의원급으로 갈수록 여지없이 모든 직종의 인력난을 겪고 있다는 것이다. 병원은 전문가들이 모인 인적 서비스의 집합체다. 그들의 숙련 기간이 경제성 및 환자의 안전과 치료에도 심대한 영향을 미치므로 이제 병원들도 우수한 직원 유치와 이탈 직원의 유지Retention 전략을 심각하게 고민해야 할 때다. 그럼 유지전략을 어떻게 수립해야 할까?

맥킨지는 대퇴직 보고서에서 퇴사한 직원들의 절반 이상이 조직52%이나 리더54%로부터 자신이 소중하고 가치 있는 존재라는 느낌을 받지 못했다는 조사 결과를 내놓았다. 맥킨지는 인간 중심의 직원 경험, 즉 인간적으로 대우받으며 인정과 보살핌을 받는다고 느끼는 관계를 만드는 것이 필요하다고 강조하고 있다.

첫 번째는 직원과의 관계를 개인화하는 것으로 급여 인상, 일회성 보너스, 일괄적인 복리후생 정책 등과 같이 모든 직원에게 동등하게 제공되는 방식은 일시적인 효과만을 낸다는 것이다. 직원들은 그 어느 때보다 신뢰와 사회적 결속에 굶주려 있어서, 그만큼 인정받고 회사가 진정으로 협력적이라는 느낌을 원하고 있는데, 이를 위해서 리더는 직원 개개인과 소통하고 그들에게 가장 중요한 것이 무엇인지 파악하고 인정과 감사의 표시를 개인화하도록 노력해야 한다고 조언하고 있다.

두 번째는 직원들이 성장할 수 있는 기회를 제공해야 한다. 직원 개개인의 목표를 적극적으로 지원해야 한다. 설령 대퇴직의 시대에 직원들의 퇴직이 잦다고 하더라도, 리더는 직원들을 일시적으로 머물다가는 용병이 아니라, 조직의 영원한 파트너로 여기고 성장 비전을 제시하고 학습 기회를 제공해야 한다는 것이다.

마지막으로 우리 병원에서 퇴직을 막는 대안 중 하나로 우리 병원의 직장 브랜드를 높여야 할 필요성이 있다. 흔히 브랜드 평판 또는 마케팅이라는 단어는 의료와 어울리지 않는다는 선입견을 가지고 있는 경영진과 의사들이 많다. 그러나 마케팅과 인지도, 브랜딩은 외부 또는 내부 고객에 대한 명성이며 약속이다. 넘쳐나는 정보의 홍수 속에서 우리병원을 알리는 적극적인 브랜딩과 마케팅 전략이 없다면 입사 후보자들은 이를 알 수가 없는 것이다.

넷플릭스 조직문화를 담은 책 『규칙 없음』에서 본 문장이 기억난다. '최고의 동료가 최고 복지다!'라는 말이다. 긍정적인 '직원경험'을 한 직원들은 부정적인 '직원경험'을 한 직원보다 조직 몰입이 16배 높고, 회사 잔류 의지가 8배 더 높다는 연구 결과도 있다.

직원들의 퇴사를 막고 그들이 진정으로 원하는 '직원경험'을 위해서는 직원 개개인들이 얼마나 다양한지를 인정하고 그들의 가치를 인정하는 것부터 시작해야 한다. 금전적 보상뿐만 아니라 비금전적인 사회적, 정서적 관계에 이르기까지 하나의 개인으로서 인정받고 보살핌을 받는다는 느낌이 들도록 고민과 노력해야 한다.

## 조용한 사직 - 고객 가치와 나의 가치를 높이는 법

서비스 경영에서 가장 많이 등장하는 '가치'라는 것에 대해 생각해 보자. 가치value는 고객에게 돈price을 받은 대가로 내가 지불하는 상품과 서비스다. 그래서 고객에게 받는 돈보다 내가 더 많은 것을 줬다면 가치가 높은 것이고, 고객에게 받은 돈보다 더 적은 걸 내가 줬다면 나의 가치는 낮은 것이다. 당연히 가치가 높으면 거래가 지속적으로 이뤄지면서 나는 더 많은 돈을 받게 되고, 가치가 낮다면 더 적은 돈을 받게 되든지, 아예 거래가 끊겨 망하든지 하게 된다. 따라서 어느 기업이나 생존의 핵심은 가치value를 창출해야 하고, 더 많은 가치를 고객에게 제공해야 한다. 그런데 직장생활에 있어서 이 당연한 거래의 원리를 가끔 잊는 경우가 있다. 누구든지 더 많은 돈을 받길 원한다면 먼저 자신의 가치를 더 높여야 하는 것이 당연한 순서인데도, 어떻게 하면 더 많은 돈을 받을 수 있을까를 먼저 생각하고 있으니까 말이다.

직원들도 '난 월급 받은 만큼만 일한다!'고 말한다. '식당에서 계산할 때처럼 1인분만큼만 일하겠다.'라고 한다. 이 말이 바로 최근에 등장한 '조용한 사직Quiet Quitting'의 개념이다.

'난 월급 받은 만큼만 일한다!'는 말을 가치에 대입해 본다면, 회사에서 주는 월급만큼만 일하겠다고 생각하는 사람은 가치가 없는 사람이다. 그런 생각을 갖고 회사에 다니는 사람은 월급도 더 많이 받을 수 없고, 성장하거나 승진하기도 어려울 것이다. 회사는 더 많은 것을 제공하며 자신의 가치를 높이는 사람을 보상하고 승진시킬 것이다.

'내가 만약 사장이나 주인이 된다면 정말 열심히 일할 텐데.'라고 생각하는 사람은 결코 사장이나 주인이 될 수 없다. 한마디로 사장처럼 먼저 일한 사람이 나중에 사장이 될 가능성이 높다.

가치에 대한 이런 논리적 선후에도 불구하고 요즘 '3요세대'라는 말이 유행한다. '제가요? 이걸요? 왜요?'라는 요즘 MZ세대의 취향을 단적으로 빗댄 말이다. '회사에서 받는 만큼만 일하겠다'는 요즘 2030 직장인들 사이에서 불고 있는 '조용한 사직' 열풍과 같은 맥락이다. 이는 단어 그대로 보면 '조용히 그만둔다'는 의미지만 실제로 회사를 그만두는 건 아니다. 조용한 사직의 핵심은 퇴사는 하지 않되, 정해진 근무 시간 동안 조용히 맡은 일만 하면서 그 이상의 업무에는 관심을 갖지 않겠다는 뜻이다. '일과 삶을 동일시하지 않는다'라는 전제하에 정해진 업무 시간에 주어진 일만 수행한다는 것으로 볼 수 있다. 그러나 직원의 마음이 회사를 떠나 있기 때문에 실질적으로 사직에 가깝다고 볼 수 있다.

이들은 자신이 해야 할 일이 아닌 것은 절대 하지 않는다. 마음 만 먹으면 더 할 수도 있지만 자기가 받는 보상만큼만 일하겠다 는 것이다. 맡은 일도 제대로 안 하면서 월급만 꼬박꼬박 챙겨가 는 '월급루팡'과는 다르기 때문에 딱히 뭐라고 꾸짖을 수도 없다. 갤럽의 한 조사에 의하면 미국 기업의 경우 '조용한 사직'에 해당 하는 직원이 절반을 넘는다고 한다. 우리나라에서도 2023년 2 월 '알바천국'이 MZ세대 1,448명을 대상으로 설문 조사를 한 결 과, 10명 중 8명79.7%은 '조용한 사직'에 대해 긍정적으로 바라보 고 있었다고 한다.

'조용한 사직', 한마디로 머슴처럼 시킨 일만, 내 몫의 일만 하 겠다는 것은 주인정신의 부재 현상이다. 어느 의사가 잘되는 병 원의 특징 중 가장 중요한 것은 '직원 모두가 철저히 주인의식을 갖고 근무에 임한다는 점이다.'라고 강조하는 걸 들은 바가 있다. '원내를 걷다가 휴지가 발견되는 즉시 먼저 줍는 모습 같은 것이 다. 이러한 태도는 본체만체하면서 제 갈 길을 가는 것과는 대조 적인 모습이다. 누가 시켜서가 아니고 스스로 알아서 하는 서비 스와 근무 자세가 병원을 성공으로 이끄는 것이다.'라는 그의 이 야기가 인상적이었다.

회사나 병원이나 조직은 결국 사람으로 돌아가는 '조직'이라 해도 과언이 아니다. 그렇기 때문에 개인의 이러한 소극적인 태도는 조직의 생산성 하락으로 이어질 수밖에 없다. 더 큰 문제는 '조용한 사직'이 조직문화에 더욱 악영향을 끼칠 수 있다는 점이다. 병원뿐만 아니라 대부분의 직업은 동료와 협업하고, 고객의 요구를 충족시키기 위해 어느 정도 추가적인 노력이 필요하다. 그러다 보니 조용한 사직을 실천하는 사람과 소통하거나 협업하는 입장에서는 난처한 상황들이 발생하기 마련이다. 예상치 못하게 급하게 처리해야 할 업무가 생기더라도 조용한 사직자가 퇴근 시간이 되면 뒤돌아보지 않고 떠난다면 그 대신 책임감 있는 동료가 퇴근해버린 조용한 사직자의 업무를 전부 해야 하는 상황이 벌어지는 것이다.

이런 상황이 반복되다 보면 주인정신으로 맡은 일을 책임감 있게 해내는 구성원은 번아웃이 올 수 있고, '열심히 할 필요가 없다'는 의식이 조직 내에 널리 퍼져 전체적인 팀워크에 문제가 생기는 등, 조직 전체가 조용한 사직의 분위기로 흘러갈 수 있다. 즉, 썩은 사과 하나가 박스 안의 모든 사과를 썩게 만든다는 '썩은 사과 이론The Bad Apple Theory'이 적용된다. 조용한 사직자 한 명이 등장하여 조직에 영향을 끼치는 순간 악순환이 반복되고 전체적인 생산성이 떨어지는 것이다. 그렇다면 이런 조용한 사직 분위기에 맞서 회사나 병원의 관리자는 어떤 전략이 필요할까?

이런 구성원을 어떻게 발견하고, 빠르게 동기를 부여할 수 있을까? 무엇보다도 조용한 퇴사를 진행 중인 구성원이 다시 업무에 몰입할 수 있도록 도와주는 것이 중요하다. 이러한 직원은 정기적인 1:1 미팅 등을 통해 몰입을 끌어낼 수 있다.

## 오래 일하게 되는 직장의 특징

그동안 일한 여러 곳의 병원 가운데 내게 가장 큰 의미가 있는 곳은 '전수일피부과'다. 입사 후 얼마 지나지 않아 진료를 위해 어머니가 이 병원을 방문한 적이 있는데 병원장은 어머니가 진료실에 들어오기 전부터 자리에서 일어나서, "아이고, 어머님, 감사합니다. 이렇게 훌륭한 따님을 우리 병원에서 일할 수 있도록 허락해주셔서 감사합니다."라고 악수를 청하며 인사했다. 사회 초년생의 나이 어린 일개 신입직원의 부모에게 감사의 인사를 하는 병원장이라니, 그때의 그 놀람과 감동은 몇십 년이 지난 지금도 생생히 기억난다. 딸을 칭찬하며 높이 치켜세워주는 병원장의 말은 소속감과 일에 대한 자부심을 고취했으며, 이 병원에서 더욱 열심히 일해야 하는 의욕이 발생한 계기가 되었다. 일주일에 한 번씩 있었던 병원장과의 점심 식사시간은 직원들과 부단히 소통하려는 병원장의 마음이 전달되는 시간이었으며, 병원장은 그 시간을 통해 직원들의 삶도 들여다보며 관심 가져주었다. 다양한 기회들을 통해 업무 관련 성장을 할 수 있었고 직원들의 자기계발 및 내적인 성장에도 늘 응원과 지원을 아끼지 않았다.

여러분은 좋은 근무환경, 즉 좋은 일터를 어떻게 정의하고 있는가?

글로벌 인사전문가들이 제시한 좋은 일터란 단순히 월급 받고 일만 하는 곳이 아니라, 일의 가치를 느끼고 즐겁고 보람 있다고 생각하게 만드는 곳이다. 그러기 위해 많은 회사는 임직원을 위한 다양한 프로그램을 마련하고, 수평적이고 상호 존중하는 분위기를 조성하기 위해 노력한다. 예를 들어 회사에서 직원들의 문화 활동을 격려하고, 정신적, 육체적 건강을 관리하고, 직원 가족 초청행사 등 다양한 행사를 마련하는 것은 물론이고, 상사와 격의 없는 소통 자리를 여는 것 등이 모두 이런 활동에 해당한다. 이렇게 즐겁고, 안락하며, 건강한 회사가 바로 좋은 일터다. 또한 이러한 좋은 일터는 곧, 그 회사의 좋은 평판과 명성으로 이어지기도 한다.

직원의 가족을 위한 복지 중 맥도날드에 '오쿠사마남의 아내의 높임말, 사모님을 일컫는 일본어' 보너스라는 특별한 제도가 있다. 회사에서 최선을 다해 근무할 수 있도록 가정 안에서 남편을 보필하는 아내에게 감사함을 전하는 맥도날드만의 특별한 방식이다.

국내 기업의 우수 사례로는 현대카드가 진행하는 'Family Day_Parents'를 빼놓을 수 없다. 'Family Day'는 임직원의 가족을 회사로 초청해 회사를 소개하고 사내 투어, 가족사진 촬영, 저녁 식사 등을 함께 하는 현대카드의 대표적인 'Family Care' 프로그램이다. 특히 5월엔 가정의 달을 기념해 부모님을 초대하는 'Parents Day'로 진행되고 있다. 회사의 비즈니스는 물론 기업문화, 브랜딩, CSRCorporate Social Responsibility 활동 등 회사 소개가 끝난 후에는 질문을 받는 순서가 있다. 노트에 메모까지 하며 회사 소개를 듣는 부모들에게 이 시간은 단순히 자녀의 회사에 대한 정보를 얻는 시간이 아니라, '우리 아들, 딸이 정말 좋은 회사에 다니고 있구나'를 확인하는 시간이 된다. '부모님께서 아들, 사위가 번듯한 회사에 다니고 있다는 걸 확인해서 뿌듯했다고 말씀해 주셨다'며, '저 또한 회사에 대한 자부심을 다시 느낄 수 있었다'고 직원들은 소감을 밝혔다.

나의 회사가 스스로 자랑스러울 때 회사 생활에 대한 사기 또한 높아지는 법이지만, 매일 출퇴근을 계속하다 보면 회사에 익숙해지고 업무에 지쳐 자부심이 곧잘 사라지기 마련이다. 이럴 때 나의 시선이 아닌 나에게 가장 소중한 가족의 시선이 전환점이 될 수 있다. 가족이 자랑스러워하는 모습이 나의 자부심과 의욕을 불어넣는 셈이다. 한 아이를 키우려면 온 마을이 필요하다는 얘기가 있다. 마찬가지로 한 직장인을 키우려면 온 가족이 필요하다. 직장인이 된 후에도 매일의 회사 생활에는 온 가족이 필요할 때가 많다. 당장 자녀를 부모님께 맡기고 출근해야만 하는 맞벌이 부부는 말할 것도 없고, 오늘 직장에서 받은 스트레스를 훌훌 털어버리고 내일의 직장생활을 시작해야 하는 모든 직장인에게는 가족의 지지와 위로가 절대적일 수밖에 없기 때문이다.

필자와 오래전 함께 강의를 다녔던 어느 강사가 컨설턴트로 전향하여 컨설팅을 맡게 된 여러 병원의 사례를 들려주었는데, 그 가운데 가장 기억에 남는 병원이 바로 은평구의 T클리닉이었다. 병원장은 개원식에 직원들의 부모를 초청하여 자녀들이 근무하는 병원에 대해 소개하고 비전을 공유하며 함께 성장하고 발전하는 파트너가 되겠다는 다짐을 전하고 끝으로 고급 식당에서 성대히 식사를 대접했다고 한다. 직원들과 수평적으로 관계하려는 경영자의 마음 씀씀이에 부모들은 크게 감동받았고 자녀들을 대견해 하며 뿌듯해하던 얼굴이 아직도 눈에 선하다고 병원장이 말했다고 한다. 자신의 업에 사명감을 가질 계기가 되었을 그 날이 직원들에게 오랫동안 회자되고 있을 것이다.

위 사례의 병원장들은 확실한 리더십과 직원들의 몰입, 즉 인게이지먼트Engagement를 이끌어내는 사람들이 틀림없다. 일반기업이건 병원이건 '조용한 사직'도 결국 리더십의 문제로 귀결된다. '조용한 사직'이 이슈가 되고 나서 몇 달 후에 하버드 비즈니스 리뷰에서 나온 「Quiet Quitting Is About Bad Bosses, Not

Bad Employees, HBR 2022.8」라는 연구가 있다. 이 연구의 결론도 분명하다. 세계적으로 수많은 직원들과 수많은 리더들을 평가한 결과 '조용한 사직은 나쁜 리더의 문제지 직원들이 나빠서 그런 것이 아니다'라는 것이었다. 좋은 리더 상위 10% 안에 드는 사람들에게서는 '조용한 사직'이 3%에 머물고 있지만, 나쁜 리더 10%에 속한 사람들은 조용한 사직이 14%나 된다는 데이터도 있다.

병원에서 직원을 섬기는 병원장의 마인드에 직원들은 저절로 원장을 존경하고 함께 하는 병원이 잘 될 수 있도록 의기투합할 수밖에 없다. 이러한 만족은 직원들의 사기를 높일 것이고 이 만족은 외부고객에게도 큰 영향을 미치는 것이다.

시간이 흘러 필자는 20여 년 전 직원으로 근무했던 '전수일피부과'에서 신입직원의 교육을 맡게 되었다. 내가 근무하고 성장할 수 있었던 곳을 강사와 선배의 신분으로 방문하게 되는 경험을 과연 몇이나 할 수 있을까? 너무나 벅차고 설레며 들뜬 나에게 직원들은 하나같이 이런 말을 하였다.

"원장님은 우리를 딸처럼 생각해주시는 것 같아요. 꼭 아버지 같으세요. 뭐라도 한 가지 더 챙겨주고 싶어 하시거든요."

직원들은 내 사람이니 아끼고 존중하며, 함께 앞으로 나아가는 소중한 존재라는 병원장의 신념이 밑바탕이 되어 직원들이 오래오래 근무하는 직장이 되는 것이다.

# 우리 병원의 주인은?

## 자기 목표가 정확한 직원

최근 한 대학병원이 콜센터 고객 전화 응대율 향상을 위한 프로젝트 '신바람 나는 콜센터'를 시작했다는 언론 보도가 있었다. 누구나 겪어보았듯이 대학병원을 비롯한 고객상담센터에 전화를 걸면 연결이 어렵거나 복잡한 단계를 거쳐야 겨우 상담사와 연결되는 경우가 많은데, 이러한 환자들의 불편을 완벽하게 해소하기 위해서다.

병원의 콜센터 운영 개선 방안은 단순한 상담업무는 AI 음성

상담봇을 도입해 처리하고 상담사는 병원을 처음 찾는 환자를 전담해서 상담의 품질 및 응대율을 높여나가는 데 중점을 두었다. 전화 상담의 전문성 향상을 위해 간호사 상담사를 콜센터에 증원 배치, 정확하고 신속한 진료 예약이 이뤄지도록 한 것이다. 외래 진료과 외부 전화도 콜센터 자동 착신 방식으로 개선함으로써 진료과 외래 업무 환경이 개선되도록 하였다. 진료과에서 방문환자 상담에 집중할 수 있도록 한 것이다. 늦었지만 참 제대로 된 개선 방안을 마련했다고 생각한다. 과거 필자가 근무했던 병원에 근무하는 A코디도 이런 환자의 불편을 꿰뚫고 있었다.

A코디는 면접 때부터 본인이 하는 일에 대한 열정과 각오가 남달랐다. 병원 경력이 전무하지만 대기업 콜센터 아웃바운드 경력으로 꽤 높은 연봉을 받던 그녀였는데 단순한 인바운드 업무에 지원을 한 것부터 사실 의아했었다. A코디가 받던 연봉에 한참 미치지도 않는 급여를 제시했지만 수습 기간 동안 자신의 업무 역량에 대한 평가를 통해 연봉 재협상 가능 여부를 확인 후 입사하게 되었다.

그 병원의 콜센터는 전체 고객 불만의 8할을 차지할 정도로 엄청나게 문제가 많은 곳이었다. 병원 경력은 없으나 콜업무의 특성을 아주 명확히 알고 있던 A코디는 입사한 첫날부터 전화 업무에 바로 투입이 되었고 단 이틀 만에 문제점을 파악하여 보고하였다. 예를 들어 유입된 100통의 콜은 100명의 환자가 한 번씩 전화한 것이 아니라 한 명의 환자가 서너 차례 전화한 것의 합계로, 환자의 문의 사항을 한 번에 해결하지 않고 무조건 담당자와 책임자를 연결하는 방식의 업무 시스템이었으며, 대기가 길어지거나 중간에 끊기기라도 하면 환자는 환자대로 불만이 쌓이고 콜센터 직원은 담당자 연결만 하는 단순 업무를 하면서도 불만은 불만대로 받아내고 있었던 것이다.

A코디는 환자들이 첫 통화를 통해 자신의 문제를 해결하고 싶어한다는 점을 누구보다도 잘 알고 있었다. 고객은 첫 번째 통화에서 자신의 질문을 해결하고자 하는 강한 욕구가 있기 때문이다. 같은 사안으로 고객이 두세 번 다시 전화를 건다면 이는 첫 번째 통화가 성공하지 못했다는 의미다. 이를 콜센터에서는 '첫 통화 해결률First Call Resolution, FCR'이라고 한다. 'FCR'은 고객이 다시 전화 걸 필요 없이 처음 전화했을 때 질문 목적이 해결되도록 하여 콜센터 고객만족도를 결정짓는 핵심이다,

환자가 유입되는 전화 업무가 가장 중요하다는 것을 모르는 곳은 없다. 그러나 아주 중요한 문제를 사소하게 생각하며 병원장들의 시술 실력 홍보와 매출에만 열을 올리느라 가장 중요한 부분을 놓치고 그 누구도 그 부분을 신경 쓰려고도 책임지려고도 하지 않는다. 이것은 아주 심각한 문제다.

A코디는 문제 해결을 위해 환자의 문의 사항을 분류하기 시작하였는데, 70% 이상이 첫 시술 후 드레싱처럼 간단한 문의 사항

이었고, 반드시 담당자를 연결해야 하는 경우는 몇 건에 지나지 않아 이를 해결하기 위해 임상적인 교육을 제시하며 가능하다면 본인이 해보고 싶다는 열의를 비친 것이다. 이렇게 자신의 업무를 명확히 분석하고 해결 방안을 제시하는 직원의 경우가 처음이라 굉장히 놀라웠던 기억이 난다. 이후 며칠간의 교육을 통해 A코디는 단순한 업무 문의를 본인이 논스톱으로 하나씩 해결해 나가기 시작하였으며 전화량이 절반 이하로 줄어들었을 뿐만 아니라 전화 업무의 퀄리티가 높아지니 전화 관련 컴플레인도 현저하게 줄어들었다. 이 성과는 환자들에게도 바로 나타나서 '이 병원은 대체 누가 전화를 받느냐, 전화통화 한 번 하기 정말 어렵다.'며 데스크나 원장에게 불편을 호소하던 환자들이 '직원이 바뀌었나요? 전화를 누가 받나요? 한 번에 연결되고 해결되어서 깜짝 놀랐어요.'라며 칭찬을 쏟아내기 시작했다.

A코디는 '첫 통화 해결률'처럼 아무도 정리하지 못할 것 같던 콜센터 업무의 체계를 바로 잡게 된 계기이자 가능성의 원동력이 되었으며 A코디를 주축으로 전화 업무는 안정을 잡아가며 다른 코디들에게도 전화 업무가 스트레스 업무가 아닌 즐거운 업무로 인식되는 계기가 되었다. 한 달에 한 번씩 진행되었던 환자 서비스 만족도 설문 조사를 통해 10점 만점에 매번 2~3점을 받으며 각 부서 중 최악의 점수를 받던 콜센터는 매번 9~9.5점을 받으며 상위권에 머물게 되었다.

인정받는 직원들을 유심히 살펴보면 실적과 능력도 중요하지만 이에 대한 평가보다 내 일을 해나가는 태도가 남다르다는 것을 알 수 있다. 시키는 대로만 일하고 소위 말하는 꼼수를 부리는 직원들과는 다른 판단력을 가지고 있으며 일을 처리하는 안목 자체가 다르다. 자기 능력을 충분히 발휘하고 다르게 일하는 방법을 찾아 끊임없이 아이디어를 강구하고 내가 하는 일을 통해 나의 삶도 발전하고 보람되게 꾸려나갈 수 있다. 또한 책임감을 가지고 맡은 일을 반드시 해결한다는 마음으로 본인의 일을 대하며 그것을 통해 높은 성취감을 느끼는 직원이다. 병원에서 본인이 담당한 환자들에게 어떤 편의를 제공할지 고민하는 직원이다. 즉, 자기목표가 뚜렷한 직원이다. 조직에 어떻게 도움이 될지, 내가 하는 서비스가 환자에게 어떤 이득을 전달할 수 있는지를 끊임없이 고민하고, 내가 이 조직을 대표하는 사람이라는 생각으로 충성할 수 있는 그 마음이 바로 사장처럼 일하는 그 마음일 것이다.

A코디는 병원에 처음을 많이 기록한 직원으로 남았다. 1년에 한 번 하는 연봉 협상을 이례적으로 수습이 끝난 3개월 차에 하여 몸값을 올리기 시작했고, 9개월 후 정규 연봉 협상으로 또 한 번 연봉 인상, 새로운 인바운드 상담 인센티브제를 만들었으며, 입사 후 1년 만에 콜센터 책임자로 승진, 입사 후 2년 뒤 건강상의 이유로 3개월 유급휴가를 받았고, 자기계발을 위해 외국에 어

학연수를 다녀온 뒤, 다른 병원 면접 중 병원장에게 소식이 전해져 다시 병원에 전례 없는 연봉을 받고 재입사하기까지 참으로 어마어마한 업적을 남겼다.

A코디를 통해 필자가 배운 것은 어느 분야에서든 대체 불가능한 존재가 되어야 한다는 것이다. A코디는 맡은 업무에 대한 강한 책임감, 문제점을 발견하면 개선점을 고민하고 해결하기 위한 끊임없는 아이디어 제시, 조직의 발전을 위해 항상 열린 마음으로 문제를 받아들이려 했던 진지함 등 여러모로 배울 게 많은 직원이었다. 그 무엇보다 환자에게 진심이 전달될 수 있도록 귀를 기울이고 자세를 낮추는 자신의 업에 대한 진지한 태도와 나아가 자신의 목표를 향해 차근차근 발전해 나가며 본인뿐만 아니라 주변의 조직원들에게 긍정적인 영향력을 주었던 A코디는 병원에서 대체 불가능한 존재였다. 이곳은 안 될 것이라는 부정적인 감정으로 언제든 퇴사하겠다는 마음을 가지고 있는 직원에게 조직은 배울 기회와 승진할 기회를 제공하려 하지 않는다. 어차피 퇴사할 사람인데 중요한 업무에 배치하겠는가?

## 내부고객 만족이 주인의식으로

한 직장에서 30년 가까이 근무한 수간호사를 만난 적이 있다. 바로 J내과의원의 수간호사인데 다른 병원에서도 근무한 경험이 있지만 이 병원에서 오래 근무할 수 있었던 이유로 직원을 대하는 병원장의 마인드를 꼽았다. 아주 오래전에 한 환자가 말도 안 되는 이유로 직원들에게 막무가내식 욕설과 폭언, 고성으로 난동을 부린 적이 있었다고 한다. 그때 병원장이 진료실 문을 활짝 열고 나오더니 단호한 목소리로 환자를 부르고는 나의 직원은 나의 가족과도 같다며 함부로 대하지 마시고 우리 병원 안 오셔도 좋으니 사과하고 가시라고 했다고 한다. 병원장의 단호함에 환자는 원장과 직원에게 사과하게 되었는데 재미있는 사실은 그 환자는 그 이후에도 십수 년이나 병원에 계속 내원하고 있다는 것이다.

필자도 예전에 근무했던 병원에서 똑같은 일을 경험한 적이 있었다. 그때 우리 병원의 원장은 시끄러우니 나가서 얘기하고 다른 대기 환자에게 피해가 가지 않도록 병원 현관문을 닫으라며 되려 직원을 나무랐던 기억이 난다. 직원이 환자에게 말도 안 되는 이유로 욕을 먹든 손찌검을 당하든 내 알 바가 아니니 소란피우지 말라는 것이었다. 이 일을 통해, '직원들이 이렇게 보호받지도 못하는 상황에서 병원을 위해서 열심히 일할 이유가 있을까.'

하며 허무함과 억울함을 느꼈다.

우리나라 한 도시락 카페는 매장에 '공정 서비스 권리 안내'를 내걸었다. 안내문에는 '우리 직원이 고객에게 무례한 행동을 했다면 직원을 내보내겠습니다. 그러나 우리 직원에게 무례한 행동을 하시면 고객을 내보내겠습니다.'라고 적혀있다. 이글은 SNS상에 퍼져서 누리꾼들에게 큰 화제가 되었다. 이 회사의 대표는 모든 직원을 정규직으로 채용하고 직원과 도매상과 거래업체들을 모두 '파트너'로 본다. 그는 '불만고객'이 아닌 '불량고객'을 걸러냄으로써 직원을 보호한 것이다.

직원이 행복해야 병원이 행복하고 환자도 행복하다. 고객만족 경영은 기업의 최고경영자나 병원장 혼자서 하는 것이 아니라, 직원의 적극적인 참여와 팀워크가 필요하다.

또한 의료 서비스를 제공할 때, 직원들 본인의 만족도에 따라 고객에게 제공하는 서비스의 품질도 달라진다. 따라서 직원들의 소속감과 내부 만족도가 얼마나 외부고객 만족에 영향을 끼치는지를 잘 이해해야 한다. 병원의 서비스 전략이나 방향을 고객에게 맞추더라도 최종 접점에서 환자와 직접 대면하여 서비스를 제공하는 주체는 병원의 직원들이기 때문이다.

직원은 병원에서 급여를 주고 채용한 고용자일 뿐이며, 통제 속에 부리면 되는 존재로 환자에게 웃으며 서비스를 잘하느냐 못하느냐 만으로 평가하는 대상이 아니다. 직원과 병원장은 함께 가야 할 공동 운명체로 파트너다. 우리 병원의 직원들이 무슨 생각을 하고 있는지, 얼마나 만족하는지, 병원의 비전을 제대로 공유하고 있는지 등이 궁금하다면 설문지나 직원 면담 등을 통해 직원 만족도부터 조사해야 한다. 병원도 의료인의 우수한 의료 기술뿐 아니라 병원 내 모든 직원들 즉 내부고객의 적극적인 참여와 협력이 필수적이다. 한마디로 직원들의 주인정신이 필요한 것이다.

## 조직 구성원 '뿌리'와 '날개'

육아에 대한 속담 중에 '사람이 원하는 것은 뿌리와 날개이다'라는 말이 있다. 이는 리더의 통솔력에도 잘 응용할 수 있는 표현으로 뿌리는 확고한 기반을 말하고 날개는 행동의 자유를 뜻한다. 기업은 직원에게 비전, 고용 보장, 훈련, 그리고 적절한 평가, 보수를 내걸고 성실한 업무를 기대하는데 기업이 내놓은 이것이 바로 확고한 기반이고 뿌리가 된다.

어떤 사람이 노드스트롬 백화점에 타이어를 들고 와서 반품을 요구했는데 의류 전문점인 노드스트롬 백화점의 직원이 판매하지도 않은 타이어의 값을 흔쾌히 환불해 주었다는 유명한 이야기를 들어 보았을 것이다. 이 백화점의 전 부사장이자 총책임자였던 뱃시 샌더스는 25년간 노드스트롬과 많은 신생 기업에서 경험한 고객 중심의 서비스 노하우에는 직원들의 자유로운 의사 결정과 권한위임이 있음을 강조했다.

수준 높은 서비스로 고객의 인정을 받은 기업의 공통적인 특징은 종업원의 문제 해결이나 고객에 대한 개별 대응에 스스로 판단해서 자유롭게 의사를 결정할 수 있다는 것이고 고객 스스로 다시 오고 싶다는 생각이 들도록 직원이 기업의 자원을 최대한 이용할 수 있다는 것이다. 뿌리의 기반은 리더가 직원들의 성장을 인정할 때 의미를 가지는데, 직원에 대한 기업의 서비스가 뿌리라면 고객에 대한 직원의 서비스는 날개라 할 수 있다. 직원들의 열정적인 날갯짓을 원한다면 동시에 확고한 뿌리가 있어야 함을 경영자들은 기억해야 한다.

의료 조직의 특성은 사람 중심이며 사람이 해야 하는 서비스이다. 환자에게 최고의 서비스를 제공할 적합한 인재는 어느 날 갑자기 나타나지 않는다. 유능한 인재는 그의 잠재적인 성장을 인정하고 체계적으로 지원할 때 만들어지는 것이다.

직원들의 계속된 퇴사로 중심이 잡혀있지 않던 S병원에서 필자는 병원 개원 이래 두 번째 총괄실장이 되었다. 직원들의 안정과 장기 근무를 위한 업무로 제일 먼저 직원 면담을 진행하면서 조직개편 및 병원의 체계적인 업무 시스템에 대한 계획을 세웠다. 직원들의 전문성을 높이기 위해 무엇보다 중요한 내부직무교육을 위해 팀별 매뉴얼 작성 작업을 계획하고 임상 및 서비스교육을 진행하였다. 신규 직원뿐만 아니라 기존의 직원들에게 매우 필요한 매뉴얼은 문서와 영상으로 제작하였고 열심히 일하는 직원들에게 적절한 평가를 통해 연봉 협상과 승진에 대한 기회의 근거를 마련하기 위해 병원장과 참으로 많은 미팅의 시간을 가졌던 것 같다. 갑작스러운 변화를 받아들여야 할 직원들은 우려와는 달리 매우 긍정적이었으며 교육을 그 누구보다 원했던 직원들이었기에 참으로 열정적으로 따라와 주었다. 직원 채용 때문에 월 4~5회씩은 보았던 면접도 점차 그 횟수가 줄어들어 차차 안정을 잡아갔으며 직원들은 어느새 1년, 2년, 나름 장기근속자로 경력을 쌓아가고 있었다. 물론 중간에 한두 명의 퇴사는 있었으나 입사 초기처럼 어수선한 분위기는 점차 사라지고 안정적인 분위기가 잡혀갔으며 직원들도 이제는 좀 손발이 착착 맞아 업무 처리가 한결 수월하다는 말을 하였다. 또한 최고의 서비스를 지향하며 세계 최고의 레이저센터가 되자는 목적의식을 가지자고 강조하던 병원장의 말에 직원들은 강도 높은 업무에도 불만 없이 묵묵히 따라왔다.

문제는 많은 직원들이 1~2년을 넘어가는 경우가 거의 없던 병원의 입장에서 연봉 협상이라는 난관에 봉착한 것이다. 직원들을 오래 붙잡기 위해 1년마다 하는 연봉 협상 시에 최소 1백만 원에서 최대 3백만 원까지 인상해주겠다는 이야기를 했던 원장들은 오래 근무하는 직원들이 부담스러워지기 시작했다. 입사한 날을 기준으로 앞뒤 한 달 정도의 기간 안에 이루어지던 연봉 협상의 타결이 협상자의 증가로 한 달, 두 달 뒤로 밀리다 5개월까지 밀린 경우가 생기기도 했다.

열심히 일하고 받는 월급과 적절한 평가를 통해 성실히 일한 것에 대한 인정과 보상을 받는 것은 직원들에게 직장생활뿐만 아니라 개인적인 인생의 계획에도 큰 의미가 있다. 2~3개월씩 걸리는 연봉 협상에 직원들의 불만이 쌓이기 시작했고 이를 알게 된 원장은 짜증을 내며 충분히 심사숙고 중인데 왜 이리 채근

하느냐며 직원들을 다그치기 시작했다. 직원들이 자주 바뀌지 않고 오랫동안 일하는 것이 얼마나 생산성을 높이는 일인지를 알고 있다. 하지만 막상 직원들이 잘 따라와 환자들의 만족도 또한 눈에 보이게 달라진 것을 확인하고도 결과를 보상해야 하는 상황에 놓이니 여러 가지 생각이 든 모양이다. 이제는 살짝 대놓고 본인들이 실력이 좋아 환자들이 많이 오니 직원들도 일할 수 있는 기회가 생기는 것이라며 병원 입장도 좀 생각해달라며 이야기하는 경영진들이 바라는 것은 결국 '열정페이'인 것이다. 직원들의 열정적인 날갯짓은 원하면서도 뿌리가 흔들리기 시작하면 결국 조직은 붕괴라는 위험을 맞이하게 된다. 이때 내가 더 놀랐던 일은 그렇게 열심히 일한 직원이 퇴사하겠다는데 병원장이 잡지 않았다는 것이다. 일을 못 하는 직원이라 잡지 않은 것이 아니라 더 적은 급여에 직원을 뽑아 교육을 하면 그게 병원에 이익이기 때문이라는 이유에서였다.

　수술을 잘한다가 경영을 잘한다로 통하는 시대가 아니다. 대형 성형외과 페이닥터로 근무하며 안면윤곽과 양악수술을 기가 막히게 잘한다는 서울대 출신의 의사가 이제 나만의 병원을 가지겠다는 포부로 강남 한복판에 개원을 하였다. 병원의 인테리어에서부터, 기본 수술 세팅, 원활한 진료를 위한 시스템 구축, 원장의 손발이 되어줄 각 부서의 많은 직원들, 이외 여러 가지 행정적인 것들까지 신경 써야 할 부분이 한두 가지가 아니며 혼자서는 아무것도 할 수 없었다. 수술하랴, 해보지 않았던 경영을 하랴, 체계가 잡히지 않고 어수선한 병원에서 직원들은 불안을 느끼고 퇴사가 줄을 잇게 되었다. 결국 3천만 원에 달하는 월세를 감당하기 어려워 그 의사는 1년도 되지 않아 폐업하고 다시 옛 병원으로 돌아갔다고 한다.

직원들은 돈을 많이 벌기 위해서만 일하지 않는다. 직장 안에서 꿈이 생기고 그것을 이루기 위한 비전을 품는 것은 굉장히 발전적인 일이다. 많은 직원들이 면담 시에 경력을 쌓고 싶고 능력을 인정받고 승진해서 중요한 핵심 직원이 되고 싶다는 포부를 밝힌다. 병원 경영진들은 그런 직원들의 날개를 꺾지 말고 더 열심히 일할 수 있는 환경을 만들어 주고 직원들이 우리 병원에 찾아오는 많은 환자들에게 열정적으로 서비스할 수 있도록 튼튼한 뿌리가 되어주어야 할 것이다.

# 에필로그

병원의 미래는 감성이다.

한번은 헤어디자이너 원장님들을 만나 이런 얘기를 나눈 적이 있습니다.

"고객은 헤어스타일이라는 물리적 모습에 실망해서 그 미용실을 떠나는 것이 아닙니다. 고객이 미용실에 오는 궁극적인 목적은 '기분전환'입니다. 그렇다면 미용실 비즈니스의 본질은 무엇일까요? 저는 '커뮤니케이션 비즈니스'라고 봅니다."

사람들이 당근마켓이라는 쇼핑몰에 접속하는 이유도 비슷합니다. 집에서 그냥 굴러다니던 물건이 내 주머니의 현금으로 바뀌는 경험은 더할 수 없이 매력적입니다. 그런데 더 중요한 이유는 시간 보내며, 놀러가는 겁니다. 대화할 수 있는 이웃이 모이는 커뮤니티가 소비자를 사로잡은 겁니다. 우리가 백화점에 반드시 물건 사러 가지 않고, 놀러 가는 것과 같습니다.

병원에 가기를 좋아하는 사람은 거의 없을 겁니다. 그 이유를 생각해보면 두 가지 정도입니다. 하나는 다름 아닌 부정 심리 때문입니다.

"나한테는 그런 병이 생길 리가 없어"라며 그 위험성을 부정하고 싶어 합니다. 다른 하나는 병원과 의료진에게서 겪는 나쁜 경험입니다. 불친절하다든지, 너무 오래 기다린다든지, 지나친 검사를 요구한다든지, 시설 등이 협소하고 낡았다든지 등입니다. 병원이 미용실이나, 백화점, 당근마켓처럼 변화를 추구해 보면 어떨까 싶습니다.

다음은 몇 달 전에 제 SNS에 올린 글입니다.

"올해 4월경 건강검진에서 LDL 콜레스테롤(일명 '나쁜 콜레스테롤')이 너무 높아 동맥경화증과 심장질환 위험을 높인다는 고지혈증 진단을 받았다. 위험하리만큼 높은 수치라는 의사 선생님의 말에 바로 약을 처방받았다. 콜레스테롤에 해롭다는 밀가루를 비롯한 모든 음식을 절제하고 운동을 더 열심히 한 결과, 두 달 뒤 검사에서는 드라마틱하게 좋은 결과가 나왔다. 총 콜레스테롤 수치가 정상으로 돌아왔고(283 →138 /200 이하 정상), 저밀도 콜레스테롤(LDL) 역시 정상 수치로 낮아졌다 (203→60/130 이하 정상) 그날 혈액 결과를 보고 진료를 한 심장내과 의사 선생님과 나(JB)의 대화 내용은 이랬습니다.

> 의사 : 콜레스테롤 수치가 아주 좋아졌어요
>
> JB : (의기양양해 하며) 콜레스테롤에 나쁜 음식을 절제했고, 매일 수영을 한 시간씩 했습니다. 하루도 거르지 않고 매일 만 보 이상씩 걸었습니다.
>
> 의사 : 이렇게 좋아진 것은 음식조절과 운동 효과라기보다는, 치료약이 아주 잘 듣는 경우입니다.
>
> JB : (시무룩해하며) 네, 앞으로도 약 잘 챙겨 먹겠습니다.

괄호 안의 지문이 제가 느낀 기분입니다. 의사 선생님은 아주 분석적이고 너무 의학적이었습니다. 하지만 제가 앞으로도 더욱 건강관리를 잘해야겠다는 의욕을 북돋우진 못 했습니다. 병원이 왜 커뮤니케이션 비즈니스여야 함을 느낀 대목입니다.

앞으로 의료계의 괄목할 만한 변화 중 하나는 인공지능의 활용으로부터 올 거라고 생각합니다. "수의사 대신 챗GPT-4가 살린 반려견"의 사례를 뉴스에서 본 적이 있습니다. 챗GPT가 혈액검사 결과에 대해 면역 매개성 용혈성 빈혈(IMHA)을 앓고 있을 수 있다고 진단했고 그는 이 결과를 수의사에게 알려줬고, 이 진단명을 바탕으로 처방을 시작하자 반려견의 상태가 완전히 회복됐다는 내용이었습니다. 이 사례에서도 볼 수 있듯이 인공지능이 의료 분야에 미치는 영향력은 한층 막강해 지리라 봅니다. 현대 의학은 의학적 데이터를 통한 "근거 중심의 치료"를 지향하고 있습니다. IBM의 자료에 따르면 한 사람은 일생 동안 대략 1페타바이트(일반 CD 약 150만 장 분량)의 어마어마한 의료 정보를 생산한다고 합니다. 문제는 이 데이터들이 대부분 종합적 판단이 필요한 비정형 데이터로서 인간 의사가 이 모든 데이터를 참고하여 진료하는 것은 불가능하다고 합니다. 그러나 인공지능은 이 엄청난 양의 의료 데이터를 모두 활용하는 것이 가능합니다. 그렇다면 의사들이 놓칠 수 있는 것까지도 정확하고 빠르게 분석해 주리라 기대됩니다. 이때 의사는 환자와의 커뮤니케이션 전문가로서의 역할이 더 부각되어야 하지 않을까요.

병원의 미래는 더 많은 변화와 혁신을 요구하고 있습니다. 사람들이 더 원하는 병원의 역할은 치료가 아니라 예방 및 건강관리 관점입니다. 이는 치료가 의료의 근본이기 때문에 치료와 함께 예방관리를 더욱 강화해 가는 방향으로 의료 패러다임이 진화해야 한다는 의미로 해석됩니다. 한 컬럼에서 어느 의사 선생님이 이렇게 말한 한 대목이 인상 깊었습니다.

"그동안 의료계는 자영업자처럼 성장해 왔다. 치료를 하면 수익이 생기지만, 예방 활동을 할 때는 수익이 감소한다. 결국 질병을 예방할 동기가 부족한 것이다".

저는 이 점이 바로 병원 고객중심경영의 핵심 콘셉트라고 생각합니다.

지인인 의사분께 이런 질문을 받은 적이 있습니다.

"장 교수처럼 환자만족경영만 강조하면 병원을 어떻게 꾸려 가느냐?"

물론 의료 서비스 품질을 높이고 환자의 만족도를 향상하는 데는 많은 비용과 투자가 필요합니다. 병원뿐만 아니라 어느 산업이든 마찬가지입니다. 어느 기업이나 감동적인 서비스 혁신과 효율을 도모하는 생산성 혁신을 모두 달성하고 싶어 하지만 말처럼 쉬운 일은 아닙니다. 그래서 어떤 업종이나 기업은 서비스가 주는 만족도는 높지만 생산성은 낮은 데 반해 어떤 업종은 생산성은 높지만 감동적인 느낌을 주는 서비스는 확 떨어집니다. 그럼 병원에서도 고객만족과 생산성 혁신을 모두 잘하는 방법은 무엇일까요? 호텔을 예로 들어보겠습니다. 고객과의 접촉이 많은 프런트나 서빙은 고객의 다양한 욕구를 충족시키면서 좋은 느낌을 전달하도록 노력해야 합니다.

반면에 고객과의 접촉이 적은 후선 파트는 과학적으로 업무를 분석하고 동선을 조정함으로써 효율을 높이는 것을 최우선 과제로 추진하는 것입니다. 병원도 마찬가지입니다. MRI와 같은 고가의 장비가 많은 일본의 한 병원은 장비의 가동률을 높이기 위해 요일 시간대별 가동 현황을 분석하여 여유가 있는 오후 시간대에 입원 환자들을 배정하여 가동률을 높였다고 합니다. 복부, 심장 등 촬영 부위별로 최적의 촬영 순서를 정하고 이를 표준화하여 환자의 대기 시간도 단축했으며, 혈액 보관 장소를 분석기기 근처로 옮김으로써 이동 거리를 줄였고, 혈액 검사실의 레이아웃을 변경하여 검사 시간을 30% 이상 단축했습니다.

MIT의 우토벨 교수는 새로운 산업을 창출할 이노베이션의 60~70%는 기업 외부의 것을 도입한 결과라고 했습니다. 이 책에서는 다양한 산업과 기업의 사례를 조명하였으며, 병원이야말로 다른 산업의 장점을 받아들여 창조적인 혁신을 만들어내야합니다. 이러한 다각적인 관점은 병원이 단순한 진료 기관이 아니라, 환자와의 관계를 중시하는 커뮤니케이션 비즈니스라는 점을 말합니다. 그것이 바로 병원이 행복해야 환자가 행복하다는 이 책의 제목을 몸소 실천하는 길입니다. 감사합니다.

2023년 8월
장정빈, 김윤경

# 참고문헌

## 국내 서적

1. VOC경영연구회 지음 『VOC 4.0』 (한국능률협회컨설팅) 2020
2. 장정빈 지음 『디지털 고객은 무엇에 열광하는가』 (올림) 2021
3. 한국헬스케어디자인학회 지음 『환자의 경험에 집중하라』 (한국헬스케어디자인학회) 2022
4. 세이노 지음 『세이노의 가르침』 (데이원) 2023

## 번역 서적

1. 말콤 글래드웰 지음, 김규태 옮김 『티핑 포인트』 (김영사) 2020
2. 뱃시 센더스 지음, 양영철 옮김 『신화가 된 전설적인 서비스』 (미래지식) 2004

## 국내 논문

1. 최정필 「의료분쟁의 실태와 해결에 관한 연구」 (충남대학교 특허법무대학원 석사학위) 2017
2. 김윤경 「의료기관의 내부마케팅활동이 종사자의 직무성과에 미치는 영향 : 경영자의 관여 조절 효과를 중심으로」 (숭실대학교 경영대학원 의료관광경영학과 석사학위) 2019
3. 이남 「직장인 생애주기에 따른 직업가치관이 직무만족과 삶의 만족에 미치는 영향」 (국제뇌교육종합대학원대학교 상담심리학과 박사학위) 2022

병원이 행복해야 환자가 행복하다

# 병원도 감성이다

**초판 1쇄 발행**  2023년 8월 31일

**지은이**  정정빈 김윤경
**발행처**  예미
**발행인**  황부현
**편 집**  정성문
**디자인**  박규리

**출판등록**  2018년 5월 10일(제2018-000084호)

**주소**  경기도 고양시 일산서구 중앙로 1568 하성프라자 601호
**전화**  031)917-7279      **팩스** 031)918-3088
**전자우편**  yemmibooks@naver.com
**홈페이지**  www.yemmibooks.com

ⓒ장정빈 김윤경, 2023

**ISBN**  979-11-92907-17-8    03320